A LIBRARY OF DOCTORAL DISSERTATIONS IN SOCIAL SCIENCES IN CHINA

大学生主体性精神培养研究

Research on the Cultivation of College Students' Subjective Spirit

张新吾 著

导师 黄瑞雄

中国社会科学出版社

图书在版编目（CIP）数据

大学生主体性精神培养研究／张新吾著．—北京：中国社会科学出版社，2021.5

（中国社会科学博士论文文库）

ISBN 978-7-5203-7707-2

Ⅰ．①大…　Ⅱ．①张…　①大学生—主体—研究　Ⅳ．①G645.5

中国版本图书馆 CIP 数据核字（2020）第 264398 号

出 版 人　赵剑英
责任编辑　田　文
责任校对　张爱华
责任印制　李寡寡

出　　版　中国社会科学出版社
社　　址　北京鼓楼西大街甲 158 号
邮　　编　100720
网　　址　http://www.csspw.cn
发 行 部　010-84083685
门 市 部　010-84029450
经　　销　新华书店及其他书店

印　　刷　北京君升印刷有限公司
装　　订　廊坊市广阳区广增装订厂
版　　次　2021 年 5 月第 1 版
印　　次　2021 年 5 月第 1 次印刷

开　　本　710×1000　1/16
印　　张　16
字　　数　220 千字
定　　价　89.00 元

《中国社会科学博士论文文库》编辑委员会

总　序

在胡绳同志倡导和主持下，中国社会科学院组成编委会，从全国每年毕业并通过答辩的社会科学博士论文中遴选优秀者纳入《中国社会科学博士论文文库》，由中国社会科学出版社正式出版，这项工作已持续了12年。这12年所出版的论文，代表了这一时期中国社会科学各学科博士学位论文水平，较好地实现了本文库编辑出版的初衷。

编辑出版博士文库，既是培养社会科学各学科学术带头人的有效举措，又是一种重要的文化积累，很有意义。在到中国社会科学院之前，我就曾饶有兴趣地看过文库中的部分论文，到社科院以后，也一直关注和支持文库的出版。新旧世纪之交，原编委会主任胡绳同志仙逝，社科院希望我主持文库编委会的工作，我同意了。社会科学博士都是青年社会科学研究人员，青年是国家的未来，青年社科学者是我们社会科学的未来，我们有责任支持他们更快地成长。

每一个时代总有属于它们自己的问题，“问题就是时代的声音”(马克思语)。坚持理论联系实际，注意研究带全局性的战略问题，是我们党的优良传统。我希望包括博士在内的青年社会科学工作者继承和发扬这一优良传统，密切关注、深入研究21世纪初中国面临的重大时代问题。离开了时代性，脱离了社会潮流，社会科学研究的价值就要受到影响。我是鼓励青年人成名成家的，这是党的需要，国家的需要，人民的需要。但问题在于，什么是名呢？名，就是他的价值得到了社会的承认。如果没有得到社会、人民的承认，他的价值又表现在哪里呢？所以说，价值就在于对社会重大问题的回答和解决。一旦回答了时代性的重大问题，就必然会对社会产生巨大而深刻的影响，你也因此而实现了你的价值。在这方面年轻的博士有很大的优势：精力旺盛，思想敏捷，勤于学习，勇于创新。但青年学者要多向老一辈学者学习，博士尤其要很好地向导师学习，在导师的指导下，发挥自己的优势，研究重大问题，就有可能出好的成果，实现自己的价值。过去12年入选文库的论文，也说明了这一点。

什么是当前时代的重大问题呢？纵观当今世界，无外乎两种社会制度，一种是资本主义制度，一种是社会主义制度。所有的世界观问题、政治问题、理论问题都离不开对这两大制度的基本看法。对于社会主义，马克思主义者和资本主义世界的学者都有很多的研究和论述；对于资本主义，马克思主义者和资本主义世界的学者也有过很多研究和论述。面对这些众说纷纭的思潮和学说，我们应该如何认识？从基本倾向看，资本主义国家的学者、政治家论证的是资本主义的合理性和长期存在的"必然性"；中国的马克思主义者，中国的社会科学工作者，当然要向世界、向社会讲清楚，中国坚持走自己的路一定能实现现代化，中华民族一定能通过社会主义来实现全面的振兴。中国的问题只能由中国人用自己的理论来解决，让外国人来解决中国的问题，是行不通的。也许有的同志会说，马克思主义也是外来的。但是，要知道，马克思主义只是在中国化了以后才解决中国的问题的。如果没有马克思主义的普遍原理与中国革命和建设的实际相结合而形成的毛泽东思想、邓小平理论，马克思主义同样不能解决中国的问题。教条主义是不行的，东教条不行，西教条也不行，什么教条都不行。把学问、理论当教条，本身就是反科学的。

在21世纪，人类所面对的最重大的问题仍然是两大制度问题：这两大制度的前途、命运如何？资本主义会如何变化？社会主义怎么发展？中国特色的社会主义怎么发展？中国学者无论是研究资本主义，还是研究社会主义，最终总是要落脚到解决中国的现实与未来问题。我看中国的未来就是如何保持长期的稳定和发展。只要能长期稳定，就能长期发展；只要能长期发展，中国的社会主义现代化就能实现。

什么是21世纪的重大理论问题？我看还是马克思主义的发展问

题。我们的理论是为中国的发展服务的，绝不是相反。解决中国问题的关键，取决于我们能否更好地坚持和发展马克思主义，特别是发展马克思主义。不能发展马克思主义也就不能坚持马克思主义。一切不发展的、僵化的东西都是坚持不住的，也不可能坚持住。坚持马克思主义，就是要随着实践，随着社会、经济各方面的发展，不断地发展马克思主义。马克思主义没有穷尽真理，也没有包揽一切答案。它所提供给我们的，更多的是认识世界、改造世界的世界观、方法论、价值观，是立场，是方法。我们必须学会运用科学的世界观来认识社会的发展，在实践中不断地丰富和发展马克思主义，只有发展马克思主义才能真正坚持马克思主义。我们年轻的社会科学博士们要以坚持和发展马克思主义为己任，在这方面多出精品力作。我们将优先出版这种成果。

李铁映

2001年8月8日于北戴河

摘　要

中国共产党在十八届五中全会提出“创新是引领发展的第一动力”，未来我国要实现“迈进创新型国家和人才强国行列”的目标。“众创”将成为时代的一个主题，社会也将随之加快发展，并要求人们具有与之相适应的不断超越的主体性精神。这种精神是“立德树人”的思想政治教育尤其需要培养的精神。当前大学生的主体性精神是不足的，这是思想政治教育界要面对与解决的问题。自20世纪80年代以来，学界对主体性已有大量的研究，取得不少成绩，但从总体来看至今还存在不少困惑。比如，主体性的核心精神是什么？就是一个需要深入探究的问题。对主体性精神的已有研究，还显得比较泛化，理论深度不足。

本书以马克思主义关于人的能动性、人的实践和自由等理论观点为指导，在参照、借鉴中国传统哲学和西方哲学有关主体性思想的基础上，提出了人的“自我超越”是其主体性精神实质的观点，即人意识到自身生存和发展受到客观限制或束缚，通过主观能动性与实践，在超越限制的过程与结果中所表现出来的本质力量。在此基础上，指出主体性精神的特性、要素、层次结构、形成机理等，并通过对当前大学生主体性精神的现状与分析，提出相应的培养目标、培养原则、培养方法和途径。本研究的创新之处在于指出大学生主体性精神培养对其成长成才、创新创业的必要性，构建人“自我超越”的主体性精神基本理论以及相应的培养方法和路径。

全文分为导论与正文两部分。

导论。主要阐述主体性精神的基本内涵，指出研究的缘由和意义，对国内外相关研究的现状进行了述评，并对本研究的基本思路、方法和创新之处给予了说明。本书认为，在“众创”时代，大学生必须不断超越生存和发展的限制以适应社会快速发展的要求，思想政治教育要促成大学生面对问题的自我超越，使之成为发展的“目标主体”“动力主体”和“责任主体”的统一。

第一章，主体性精神概述。阐明主体性精神的本质特性，即“超越性”，其具体体现为四方面：现实性、实践性、激情性和反身性。主体性精神由“自由、自觉、自主、自信、自为、自律、自省”七个要素构成，这些要素又形成了其层次结构。主体性精神可以按照以下方法分类：形式主体性精神与实质主体性精神；被动主体性精神与主动主体性精神；自我主体性精神与群体主体性精神。主体性精神的形成机理有：问题压力机理、实践体验机理、参照影响机理、需要激励机理、积累升华机理。主体性精神具有三种功能：人生导向功能、价值引领功能、认知建构功能。

第二章，主体性精神的理论依据与思想借鉴。以马克思主义关于人的能动性、人的实践和自由等理论观点为指导，阐明“自我超越”是人的主体性精神实质。中国传统哲学文化中儒、释、道家的超越思想，西方哲学思想中自我、超越等主体性精神相关思想，都为主体性精神理论阐述提供了宝贵的借鉴资源。

第三章，大学生主体性精神现状透视及原因分析。通过使用全国的调查数据，可以判断大学生的主流是积极向上的，这成为主体性精神培养的良好基础。但部分大学生的主体性精神是不足的。例如：理想偏狭、信仰宗教化、知行不统一、沉迷网络而疏离现实、急功近利而贪图享受、不能承受压力、自信不足等。这些不足严重影响着大学生对生存和发展的积极追求，使之难以做到不断实现自我超越。本章从自身、家庭、教育、社会四个方面对大学生主体性精神存在的问题进行了分析，并且针对这些问题提出解决方案来培养大学生主体性精神。

第四章，主体性精神培养的目标、原则和方法。首先指出大学生主体性精神培养的主要目标，即实现人的自由而全面发展。根据主体性精神的特性和形成机理提出大学生主体性精神培养的五个基本原则：问题导向、实事求是、实践活动、利益引导、全面发展原则，以及五个培养方法：竞争压力法、批判建构法、交流发展法、榜样教育法、情感激励法。

第五章，大学生主体性精神培养的路径。本章从四个方面指出了具体的培养路径：一是大学生要自觉地把现实问题与理想目标统一起来，要积极展开自我暗示与自我奖赏，并达到践行与自省的统一；二是家长要适应发展需要，转变教育观念，建立理解融和的亲子关系，重学笃行，言传身教；三是学校要深化大学生理想、信念教育，抓好问题导向专题式教学改革，提升实践育人的实效，优化信息与咨询服务育人，加强家校的合力育人，构建大学生发展性评价体系；四是政府要优化社会环境，用核心价值观引领社会舆论环境，营造公平的大学生就业竞争环境，推进改革，激发社会的“众创”活力。

关键词：大学生；主体性精神；自我超越；培养

Abstract

The Communist Party of China put forward that "innovation is the first power for development" in the fifth Plenary Session of the 18th CPC Central Committee. In the near future, China will achieve the goal of striding into the ranks of innovation-oriented countries and great powerful countries of talents. "Mass innovation" will become a theme of the times, so society will also accelerate the development and require people to have the corresponding subjective spirit of continuous transcendence. This kind of spirit is the spirit which needs to be cultivated especially in the ideological and Political Education of "establishing morality and cultivating people" . At present, the subjective spirit of college students is still lacking, which is a problem to be faced and solved by the ideological and political education circles. Since the 1980s, there have been a lot of studies on subjectivity in the academic world, and many achievements have been made. However, in general, there still remain a lot of confusion in the study of subectivity, which still needs to be explored. For example, what is the core spirit of subjectivity? The existing related researches on the spirit of subjectivity still seem to be extensive and the theoretical depth is insufficient.

Under the guidance of Marxist theories on Human Initiative, human practice and human freedom, and on the basis of referring to and drawing lessons from Chinese traditional philosophy and Western philosophy on subjectivity, this paper puts forward the view that "self-transcendence" is the essence of the subjectivity of human being, that is, people realize that their existence and development are subject to objective restriction or restraint and realize the essential power shown in the process and results of transcending restrictions through subjective initiatives and practices. On this basis, the author points out the characteristics, elements, hierarchical structure and formation mechanism of the subjective spirit. By the analysis of the present situation of the subjective spirit of college students, the author puts forward the corresponding training objectives, cultivating principles, methods and approaches to the current situation. The innovation of this paper is to point out the necessity of the cultivation of college students' subjective spirit for their growth, innovation and entrepreneurship, to construct the basic theory of human's subjective spirit of "self-transcendence" and the corresponding cultivation methods and paths.

The whole paper is divided into two parts: the introduction and the main body.

Introduction. This part mainly expounds the basic connotation of the spirit of subjectivity, points out the origin and significance of the research, comments on the current situation of the related research at home and abroad, and explains the basic train of thought, method and innovation of this paper. It holds that, in the age of "mass innovation", college students must constantly surmount the limits of existence and development to meet the requirements of rapid social development, and ideological and political education should promote college students' self-transcendence in the face of problems. It is the unity of "target subject", "motive subject" and "responsibility subject" of development.

The first chapter is an overview of the spirit of subjectivity. This part expounds the main characteristics of the spirit of subjectivity, namely, "transcendence", which is embodied in four aspects: realism, practicality, passion and reflexivity. The spirit of subjectivity consists of seven elements: freedom, self-consciousness, autonomy, confidence, for-self, self-discipline and self-examination. Which build a hierarchical relationship of the seven elements of subjective spirit. The subjective spirit can be classified as follows: formal subjective spirit and substantial subjective spirit; passive subjective spirit and active subjective spirit; self-subjective spirit and group subjective spirit. The forming mechanism of subjective spirit includes: the mechanism of problem pressure; the mechanism of practical experience; the Mechanism of Reference Influence; the mechanism of need motivation; the mechanism of accumulation sublimation. The spirit of subjectivity has three functions: life-oriented function, value-oriented function and cognitive construction function.

The second chapter is about the theoretical basis and the ideological reference of the subjective spirit. Guided by Marxist theory of human activity, human practice and freedom, this paper expounds that "self-transcendence" is the essence of human subjectivity. The transcendence thoughts of Confucianism, Buddhism and Taoism in Chinese traditional philosophical culture, and the related thoughts of subjective spirit such as self and transcendence in western philosophical thoughts all provide valuable reference resources for the elaboration of subjective spirit theory.

The third chapter is about the perspective of the college students' subjective spirit and the analysis of the current situation. The data collected in the nationwide survey shows that subjective spirit of the mainstream of college students is positive, which has become a good basis for the cultivation of the spirit of subjectivity. But the spirit of subjectivity of some college students is insufficient in terms of ideal intolerance, religious belief, inconsistency of knowing and doing, alienation from the reality by way of Internet

Addiction, eagerness for quick success and instant benefit and greedy for enjoyment, pressure intolerance and lack of self-confidence. These deficiencies seriously affect the university students' active pursuit of survival and development, making it difficult to achieve continuous self-transcendence. In this chapter, the author analyzes the causes of the problems in college students' subjective spirit from four aspects: self, family, education and society, and then proposed we should propose some solutions to raise the university students' subjective spirit.

The fourth chapter is about the goal, principle and method of cultivatingthe subjective spirit. Firstly, it points out that the main goal of cultivating the college students' subjective spirit is to realize the human freedom and all-round development. According to the characteristics and formation mechanism of subjective spirit, this paper puts forward five basic principles for cultivating the subjective spirit of college students: problem-oriented principle, the principle of seeking truth from facts, the principle of practical activities, interests-oriented principle, and the principle of all-round development, and five training methods: competitive pressure method, critical construction method, communication development method, role model education method, and emotional stimulation method.

The fifth chapter is about the way of cultivating the college students' subjective spirit. This chapter points out the specific training path from four aspects: Firstly, college students should consciously unify the realistic problem with the ideal goal, actively develop self-suggestion and self-reward, and achieve the unity of practice and self-examination; Secondly, parents should adapt to the needs of development, change their educational concepts, establish an understanding and integrated parent-child relationship, stress learning and practice, and teach by personal example as well as verbal instruction. Thirdly, schools should deepen the education of college students' ideals and beliefs, and do a good job in problem-oriented thematic teaching reform, to enhance the effectiveness of practical education, to optimize information and advisory services, to strengthen the joint efforts of schools and families to educate people, and to build a developmental evaluation system for college students; At last, the government should optimize the social environment, guide the public opinion environment with the core values, create a fair competition environment for the employment of college students, promote the reform and stimulate the vitality of the society.

Key words: college students; subjective spirit; self-transcendence; cultivation

目　　录

Contents

绪　　论

第一节　选题的缘由

“众创”时代的来临，社会加速发展，呼唤人们发挥主体性精神不断超越生存和发展的限制，以跟上时代前进的步伐。大学生是国家未来建设的生力军，思想政治教育应当发挥超越功能，促进他们面对问题和困难不断地超越。

一　时代社会发展提出的要求

当前，新一轮科技革命和产业变革在全球蓄势待发，国际竞争日趋激烈，创新超越成为各个国家不断拓展生存和发展空间的根本途径。从2014年9月李克强总理在夏季达沃斯论坛开幕式上向世界宣告，中国要掀起“大众创业、万众创新”新浪潮，到2015年3月5日政府工作报告中强调把“大众创业、万众创新”打造成推动中国经济继续前行的“双引擎”之一，再到2015年10月29日，党的十八届五中全会提出“创新是引领发展的第一动力”，五年后我国要实现“迈进创新型国家和人才强国行列”的目标。[①] 在党的十九大报告中，习近平总书记提出要“鼓励更多社会主体投身创新创业。建设知识型、技能型、创

① 《中共中央关于制定国民经济和社会发展第十三个五年规划的建议》，《人民日报》2015年11月4日第1版。

新型劳动者大军"[①]。诸多积极而明确的信号表明，"众创"将成为未来时代发展的一个主题，开发人的创新、创造性潜能是社会所需。

"众创"时代的来临，社会将更加快速地发展，这必将引发人们在生产、生活以及思维方式上的持续革新。如果个人跟不上社会发展的速度，个人相对于社会而言就是在后退。因此，处于这种时代境遇中的任何个人，只有不断地超越，才能获得更好的生存和发展，否则就会陷入生存和发展的困境。正如美国学者桑德森在《众创时代》一书中描述现代快速变革的社会时所说："过去，一个工人只需找到一家可以终身托付的企业，就能使全家一辈子衣食无忧。而今，从美国劳工部的统计看，一个美国工人因公司变故（倒闭、兼并购、裁员等变化）被迫更换 10 种不同的工作，一个有大学教育背景的员工一生不得不转换六七种不同的职业。那种将自己的人生或命运托付给企业的传统生存方式，已成为最不安全、最不靠谱的人生选择。"[②] 因此，快速变革的现代社会必然会对人的生存和发展带来一系列的挑战，它要求人们具有与之相适应的不断超越的主体性精神。[③]

然而，我国大学生面对困难不断超越的主体性状况却不容乐观。比如，据有关调查数据显示，我国大学生自主创业比例不足 2%。[④] 大学生创新创业意味着要直接面对诸多的风险、困难与挑战。大学生创新创业的不足，诚然，我们可以从大学生创新创业的能力薄弱方面寻找原因，但创新创业的不足凸显了大学生面对困难不断超越的主体性精神缺乏的问题却值得学界关注与探讨。当前，部分大学生中存在逃避发展的责任，依赖性、受动性依然严重，人生目标迷茫，沉迷网

---

① 习近平：《决胜全面建成小康社会 夺取新时代中国特色社会主义伟大胜利——在中国共产党第十九次全国代表大会上的报告》，人民出版社 2017 年版，第 31 页。

② ［美］桑德森：《众创时代》，中信出版社 2015 年版，第 2 页。

③ 参见张新吾、黄瑞雄《思想政治教育元问题研究——基于人的自我超越视阈》，《理论导刊》2017 年第 2 期。

④ 麦可思研究院：《2012 年中国大学生就业报告》，社会科学文献出版社 2012 年版，第 142 页。

络疏离现实，急功近利、贪图享受，在挫折和困难面前消极悲观等问题不容小觑。“众创”时代的来临，人们要创造历史进程从根本意义上说，就是呼唤和确证人的主体性，凸显人的主体性精神的过程。因此，培养大学生的主体性精神是时代社会发展提出的要求。

二　思想政治教育研究的重要课题

“思想政治教育是指社会或社会群体用一定的思想观念、政治观点、道德规范，对其成员施加有目的、有计划、有组织的影响，使他们形成符合一定社会、一定阶级所需要的思想品德的社会实践活动。”① 这就是说，思想政治教育的根本目的在于实现人的社会化，培养出适合社会发展需要的人。在当代中国的社会化意味着实现人的现代化，因为“没有人的现代化，全面建设小康社会只能成为一句空话。”② “众创”时代主题依然是我国追赶和实现现代化的一个重要历程，现代化的不断推进要求人通过跟上或者超过时代发展的步伐，不断丰富和发展自己的社会关系，提升自己认识世界和改造世界的能力，把自己的生存和发展与社会发展和谐统一起来，即实现人的生存和发展推进社会的发展，社会的发展又促进人更好地生存和发展。但我们也应看到：“人的现代化与社会现代化虽然总体上看具有发展的同步性与相互制约性，但是，从个体、局部、某一时段来看，人的现代化与社会现代化则广泛存在非同步性与矛盾性。”③ 这就是说，人的发展与社会的发展往往不同步，这个不同步就会造成一个客观的矛盾，当外界社会的发展速度快于人自我超越的速度时，人总是落后于时代的发展要求，人的生存和发展就会被社会所限制和淘汰，并影响或阻碍社会的发展，当人的发展速度与社会同步或适当快于社会发展速度，人就能很好地

① 陈万柏等：《思想政治教育学原理》，高等教育出版社 2007 年版，第 4 页。

② 郑永廷等：《人的现代化理论与实践》，人民出版社 2006 年版，第 266 页。

③ 同上书，第 183 页。

顺应社会的发展，获得更好的生存和发展机会，并促进社会的发展。要解决两者之间不同步的矛盾，一方面，社会要创造更公平、优越的环境和条件，为人的超越创造条件；另一方面，就是激发人的主体性精神去自我超越。这是因为在人与社会发展方向一致的情况下，对于人的超越而言，自我的超越往往是最为根本的。正如毛泽东所说："唯物辩证法就有力地反对了形而上学的机械唯物论和庸俗进化论的外因论或被动论。"[①] 但是，这个"内因"没有思想政治教育"外因"启蒙的"条件"，人就不能很好地实现由"自在"走向"自觉"的发展。"思想政治教育只有发展超越功能，即面向未来不断实现对自身的超越并不断促进人们实现超越，才能真正把握未来，拥有未来，并'形成未来社会的一个主要因素'。否则面向未来就是一句空话。"[②] 这就是说，思想政治教育的功能要及时实现转型，即由再生功能转向超越功能，促进人的超越。郑永廷说："思想政治教育是一种有目的性、具有超越性的实践活动。这种实践活动随着社会的发展和人们主体性的增强，其作用越来越重要。"[③] 这就是说，人的主体性需要具有超越功能的思想政治教育，促成人的超越。[④] 青年大学生是拥有较高专业文化知识的群体，是国家的和民族的希望，培养大学生的主体性精神促进他们面对问题和困难不断自我超越无疑是思想政治教育研究的重要课题。

第二节　研究的现状

一　国外研究现状

在西方哲学史，关于主体与主体性的研究一直存在，近现代以来

---

① 《毛泽东选集》第 1 卷，人民出版社 1991 年版，第 301—302 页。

② 张耀灿等：《现代思想政治教育学》，人民出版社 2006 年版，第 91 页。

③ 郑永廷：《论思想政治教育的本质及其发展》，《教学与研究》2001 年第 3 期。

④ 参见张新吾、黄瑞雄《思想政治教育元问题研究——基于人的自我超越视阈》，《理论导刊》2017 年第 2 期。

尤为重要。其思想最早可追溯到古希腊智者学派普罗泰戈拉，他说出了“人是万物的尺度”①，后来，苏格拉底认为哲学的首要任务是“认识你自己”，但古希腊哲学家眼中的主体性思想具有明显的朴素直观性，一直到近代思想启蒙运动主体性原则才得以确立，其思想产生了广泛而深刻的影响。如笛卡儿为反对经院哲学的权威，提出“怀疑一切”，并由怀疑出发，他推论出“我思故我在”的命题，“我”成为不依赖于肉体而独立存在的精神实体。康德提出的“理性为自然立法”，使“我”之主观理性作为主体处在了中心地位，实现了所谓“哥白尼式的革命”。黑格尔将主体性思想推向了极致，他认为精神实体“绝对理念”是世界的本原，“实体即主体”。费希特从自我出发构造了三个基本命题，“自我设定自己本身”，“自我”设定非我，“自我”设定与“非我”的统一，他片面夸大了“自我”的能动性，实质上还是一种抽象的本体论，只不过与古希腊外在本体论相比进步的是这种本体已由外界移入了人本身，使“自我”意识具有了能动性。现代叔本华用“意志”取代康德的“自在之物”，宣称它是世界的“内在涵蕴和本质”，它永远向前达不到满足，因此总是陷入痛苦。尼采吸纳和发展了叔本华的唯意志主义，抛弃了其中的悲观主义成分，宣言非理性的“权力意志”主体性。胡塞尔以“同感”（empathy）开启了交互主体性观点，而他认为的单个主体性本我相对于他我始终更为本原。海德格尔从胡塞尔“面向事物本身”的现象学出发，提出“走向存在”是走向人本身的主体性。萨特从绝对自由的主体，把主体自由绝对化。后现代主义者福柯以“人的死亡”来对主体性进行消解，批判理性中心主义。多迈尔在构建他的“批判性后现象学”中喊出了“主体性黄昏”的观点。与后现代主义要消解主体性所不同的是，德国哲学家哈贝马斯、霍奈特等人分别从不同的

① 北京大学哲学系外国哲学史教研室编译：《西方哲学原著选读》（上卷），商务印书馆1981年版，第54页。

角度提出一种共生共在的主体间性的拯救主体性之路。

通观西方哲学史，不难发觉，人的主体性是近现代以来的思想主题。一方面，西方主体性思想的传播对人的发展，满足人内在精神需要，体验人生感受，思想解放、终极价值的追求具有重要的意义。在第一实体、物质生产埋没了人自身存在价值的精神危机中，主体性原则把人思考的中心从外部世界转向属人的世界探索上来，确立着人的主体地位。主体性原则在教育领域更是如此，它推动了教育思想的转变。如《精神论的教育学》一书中德国教育家菩特（Gerhard Budde）认为："教育之最高的目的，就在于使成长中之人类去认识精神的生活之永久的轨范，而且得而有之。因为人之真目的存在于与精神生活的关系，所以教育之最高的目的又可称为人道的。"① 注重人格教育的德国学者斯普朗格（Eduard Spranger）认为，教育不是单纯的文化传递。教育之为教育，在于它是一个人格心灵的"唤醒"过程，这是教育的核心所在。② 主张个性教育的杜威提出许多新的教育理论，"教育即生活"、"教育即生长"和"教育即改造"等观点。存在主义教育家雅斯贝尔斯强调："教育的目的在于让自己清楚当下的教育本质和自己的意愿，除此之外，是找不到教育的宗旨。"③ 等等。但另一方面，西方思想家关注主体与关注主客二分的认识论的意识自我的一致。自我与主体、主体性紧密相连，一直走到现时代，自我始终是主体的出发点。从笛卡儿的"我思故我在"到马斯洛的精神"自我实现"，都说明了这一点。但是，必须正视的是西方的自我从一开始就是意识自我、主观自我的实体，这就容易导致自我成为一个自足、自因封闭的自我、中心的自我。虽然西方哲学摆脱了理念世界、第一实体、神的世界的纠缠、走向属于人的世界，确立了自我，但是他们又掉进了自己设定的

---

① 姜琦：《现代西洋教育史》，东方出版中心 2013 年版，第 60 页。

② 鲁洁、冯建军：《教育转型理论、机制与建构》，教育科学出版社 2013 年版，第 29 页。

③ ［德］雅斯贝尔斯：《什么是教育》，邹进译，生活 · 读书 · 新知三联书店 1991 年版，第 44 页。

自足、自因的认识“自我”的实体之中，只不过与古希腊、中世纪哲学不同的是这个实体已由外界转向成为人的意识“自我”来规定存在，诸如费希特的自我三原则，马斯洛的自我实现，萨特的自我的绝对自由皆如此。究其原因是因西方哲学有寻找第一实体为本原，贬低现象界的思维习惯，试图借助于超感觉和超理性的思维方式去建构他们的思想体系。在这种绝对实体自我观之下，容易导致“绝对自由”、极端利己主义、个人主义的观念。显然，西方思想家对此有所察觉，无论从胡塞尔的“交互主体性”，海德格尔要消除主客二分的“走向存在”，还是哈贝马斯的“主体间性”理论，都说明自我应当受到必要限制这一点。虽然这些思想家对本原和第一实体的自我观有所修正，但是并没有从根本上撼动西方把意识自我作为本原的地位。以致福柯试图以“人的死亡”来对主体性进行解构，但是他忘记了解构主体性的前提是人作为主体在解构。尽管多迈尔喊出了“主体性黄昏”的口号，但是绝不意味着所有个人主体性已步入了黄昏，这一点连他自己也不得不承认，坦然道：“事实上，依我之见，再也没有什么比全盘否定主体性的设想更为糟糕了。”[①] 看来自我、主体、主体性具有不可解构性，只是我们需要寻找新视角，厘清新思路，从第一实体自我、主体与主体性中挖掘出具有合理意义的主体性，重新定位它的核心精神。

“主体性”是否随着西方一些现当代哲学家的批判而走向消解？还是有其必要的合法空间，依然有其不可解构的重大意义呢？学者贺来认为要通过对“认知主体”和“价值主体”的自觉的区分和划界，坚持“价值主体”的优先性，把“价值主体”作为主体性的核心内容来保留“主体性”的不可消解性。[②] 学者刘森林认为：“什么样的主体性才是当下时代所要求的恰当表现和结构；什么才应是主体该承

① ［美］弗莱德·R. 多迈尔：《主体性黄昏》，万俊人等译，上海人民出版社 1992 年版，第 1 页。

② 贺来：《“主体性”的当代哲学视域》，北京师范大学出版社 2013 年版，第 60 页。

担和奠基的东西，什么样的主体性才是正当和不应被怀疑的，什么样的主体性是中国当下，特别是当下马克思主义哲学所探讨和追求的，等等。概然论说主体性（的消亡与重生），有大而化之的粗略之嫌。”① 李为善等人认为：“一般意义上的或总体意义上的主体性没有衰落，衰落的是片面的、狭隘的、走极端的、不成熟的主体性……而应该相信，人类在克服了自身的缺点之后，一定能够拥有健康发展的主体性。”② 这些灼见为我们开辟“主体性”理论提供了展望的向度。现实实践也表明，随着现代化的推进，人的主体性并没有如某些西方学者所说的走向消亡，而是越来越强，越来越成为人生存和发展的现实需要。因此，大而泛的言说主体性的消亡是不适当的，“主体性”不仅有其必要的合法空间，不可解构的重大意义，而且也是现实不可能回避的问题。换言之，“关键不是主体性的消亡”，而是需从原有主体性观点中爬梳出它具有时代价值的精神，予以深化和拓展，否则只会造成对主体性研究理论上的遮蔽。

二　国内研究现状

国内关于主体性精神相关的研究主要涉及以下几个方面。

（一）主体性问题研究

20 世纪 80 年代以来，主体性问题成为我国哲学界研究的热点话题。最初始于美学，之后引起哲学界的极大关注，后辐射到了众多的学科。总的说来，我国主体性问题的探讨大致归结为三个方面：一是，关于主体性的含义、主客体关系的把握。人们从不同角度对它们进行了不同的理解。二是，研究主体性及其原则在哲学思想发展中，马克思主义哲学思想发展中，以及在历史活动和人的存在之中的地位。三是，在哲学不同的分支和不同学科领域中研究和深化主体性思

① 刘森林：《追寻主体》，社会科学文献出版社 2008 年版，第 15 页。

② 李为善等：《主体性和哲学基本问题》，中央文献出版社 2002 年版，第 504 页。

想。如文化哲学、发展哲学、价值哲学、人学、社会学、教育学、历史学等，这些学科在恢复和确立人的主体性维度上，从不同的方面推动我国思想界对主体和主体性原则的认识发展。近年来，随着研究的深入，交互主体性、主体间性等问题越来越受到关注。在教育领域对主体性的研究集中在学生主体性、教师主体性、师生主体性关系、教育管理主体性等方面，教育主体性理论还处于初始阶段，主体性思想与教育还没有真正融合，有待在理论和实践上进一步拓展。

总的说来，国内主体性研究取得了不少成绩，推动了改革开放以来人们思想的解放。但是，从总体上看至今仍存在不少困惑。比如主体性的核心精神是什么？就是还须深入探究的问题。然而，随着不断翻新的新思潮、新概念的涌现，一些重要的理论问题被耽搁、被边缘、被一些新话语所覆盖，甚至被消解。正如俞吾金所言："有些中国学者以最时髦的西方思潮的代言人自居，拒绝谈论主体性的概念，仿佛一谈到这个概念，就退回到近代哲学的旧观念中去了。其实，这根本上就是一种误解。"[①] 当前，一些学者对主体性的消解大多搬照西方的话语，缺乏自己深度的思考，而忘记了西方主体性概念本身就是存在问题的，以致使一些主体性须深化的问题变得模糊了。

（二）主体性与人的超越性研究

在《现代思想政治教育学》一书中，张耀灿等人指出，传统教育缺乏创造与超越，不能满足社会发展和人的需要，思想政治教育要"面向未来不断实现对自身的超越并不断促进人们实现超越，才能真正把握未来，拥有未来"[②]。骆郁廷在分析精神动力的形态结构时，认为精神创造力是一种驱动主体创造性实践活动以不断实现超越的力量。[③] 鲁洁认为，自我超越是人的生存本性，人不满足于现存，通过

① 俞吾金：《马克思主体性概念的两个维度》，《复旦学报》（社会科学版）2007 年第 2 期。

② 张耀灿等：《现代思想政治教育学》，人民出版社 2006 年版，第 91 页。

③ 骆郁廷：《精神动力论》，武汉大学出版社 2002 年版，第 181 页。

自我超越来实现生活意义，走向可能的自我。在道德教育层面他认为，赋予人自我超越的意识和能力，应当成为教育的主要使命。[①] 冯建军认为，超越性是人的根本特性。生命就是在“应然”与“实然”的不断转化之中实现着对自身的超越，从而发展着自身。他提出教育要唤醒人的超越意识，培养人的超越精神和超越能力，是生命的超越性对教育的必然要求，也是教育走向人文关怀的必然选择。[②] 孙正聿在其哲学著作《超越意识》中认为，人的存在是超越性的存在。人超越了自然而然的“世界”，超越了自然而然的“生命”，于是成了“万物之灵”——超越性的存在。教育要培养人的超越意识。[③] 张一兵认为人类作为主体的本质体现在自我超越和创造性上，“现实存在（逻辑上的‘是’）是对人的超越性本质（价值论上的‘应该’）的一种限定，所以人类的生存过程就必然是一种不断从外部制约中挣脱出来的过程”[④]。王守纪认为，教育超越性的逻辑起点在于“超越性的人的存在”[⑤]。邓纯余认为，思想政治教育超越在于通过教育使受教育者素质得以质变和飞跃——“超出现有状态和现实基础”[⑥]。

显然，学者们从人的意义世界、精神需要等方面认识到了人的超越、自我超越的重要性，提出教育要促使人的超越等思想。为我们认识人的超越打开了窗口，但是我们还需要更为深入地研究人的超越、自我超越与主体性的关系，与马克思人的受限性、能动性观点的关系，以及构建出更为深入的作为主体的人的超越性及其培养的理论。

（三）大学生主体性相关的研究

2003 年华东师范大学李福华以《高等学校学生主体性研究》为题完成了他的博士论文，文中对变革背景下的高等学校学生主体性、

① 鲁洁：《道德教育的期待：人之自我超越》，《高等教育研究》2008 年第 9 期。
② 冯建军：《人的超越性及其教育意蕴》，《教育研究与实验》2005 年第 1 期。
③ 孙正聿：《超越意识》，吉林教育出版社 2001 年版，第 1 页。
④ 张一兵：《马克思历史辩证法的主体限度》，武汉大学出版社 2010 年版，第 25 页。
⑤ 王守纪：《论教育的超越性》，博士学位论文，东北师范大学，2010 年，第 93 页。
⑥ 邓纯余：《思想政治教育超越论》，博士学位论文，武汉大学，2012 年，第 3 页。

高等学校学生主体地位的确立以及高校教学工作中学生的主体性问题进行了探讨；2006 年，中山大学张彦的《思想政治教育主体性研究》专著，探讨了思想政治教育主体性结构，以及如何实现和增强思想政治教育主体性；2007 年华中科技大学牛慧娟的博士论文《大学生主体性发展理论探讨与现实反思》探讨了大学教育如何促进大学生的主体性发展；2010 年，崔雪冬的专著《主体性思想发展与大学生思想教育创新研究》探讨了中西方传统的主体性思想的现代意义，提出要开展大学生思想政治教育创新；从主体间性、交往主体性的视角来研究思想政治教育的博士论文有，2013 年苏令银的《主体间性视域的思想政治教育主客体关系研究》、2014 年董正华的《思想政治教育交往主体论》；2014 年郝连儒的博士论文《高校思想政治教育主体性研究》探讨了整个高校思想政治教育主客关系以及对大学生进行主体性教育的优化路径。在中国知网，以“大学生主体性”为题名进行硕士论文检索，共有 38 篇，主要探讨的问题如下：大学生主体性教育、道德教育；大学生思想政治教育主体性；大学生主体性网络教育；大学生主体间性；大学生主体性人格；大学生主体性发挥、发展、培养。在中国知网，以“大学生主体性”为篇名进行核心期刊论文检索，共有 30 篇。大致情况与硕士论文情况相当。

大学生主体性相关的研究总的情况：一是大学生主体性的研究专著、博士论文还相对比较少，但在不断地拓展主体性的研究范围，如通过运用主体间性、交往理论来探讨大学生的主体性；二是研究主要集中在主体性教育、道德教育以及与思想政治教育相关的主体性的教育、教学、发挥上；三是研究理论深度挖掘还不足，比如，大多数学者的研究将主体性归结为能动性、自主性、创造性，缺乏理论新视角，限制了主体性学术话语的拓展。因此，有很多与主体性相关的理论需要学者们进一步去探讨，并使之与教育更为深入地结合。

（四）大学生主体性精神培养相关的研究

在中国知网，以“主体性精神”为题名进行期刊论文检索，共有

16 篇，其中以“大学生主体性精神”为题名有 2 篇。在中国知网、独秀学术搜索上还没有以“主体性精神”为篇名的硕博论文和专著。但涉及“主体性精神”和“大学生主体性精神培养”观点的相关著作有 35 篇。主要思想如下：

1. 关于主体性精神的概念和意义

第一，主体性精神的概念目前大致有六种说法：一是进取的精神状态说：田鹏颖认为“良好的精神状态，是个人具有从事活动的热情、意志及积极进取的主体性精神”①。二是追求美好事物及实现说：郭湛认为“对美好事物的追求，它同人们的理想、信念、责任、毅力和热情联系在一起。通过自己和群体、社会的努力，让这个世界更美好，这就是建设的主体性精神”②。三是面对困难意志超越说：朱荣英认为主体性精神是“坚忍不拔、自强不息”③ 的精神。四是责任担当说：张西山认为勇于担当的品质是主体性精神，即“一个人在社会生活中，把自己当作一个公民，自愿承担相应的社会义务，并且意识到对国家、民族负有的责任，同时勇于承担这一责任，这就是所谓主体性精神”④。郭继承论述李大钊的主体性精神有着中国“天下兴亡，匹夫有责”的传统担当精神，他一生主张启蒙、唤醒民众、敢于担当社会责任的品质。⑤ 五是自由与实践说：陈学明认为现代主体性精神包括价值和实践两个基本方面，分别确立了“人是目的”和“人是推动者”两条基本原则。价值立场“肯定了人的尊严，反对和批判了中世纪遗留下来的专制主义和蒙昧主义，将实现人的自由和解放作

① 田鹏颖：《时代的精神现象解读郭明义》，辽宁人民出版社 2012 年版，第 126 页。

② 郭湛：《面向实践的反思》，武汉大学出版社 2019 年版，第 210 页。

③ 朱荣英：《马克思主义基本范畴及其学科体系研究》，河南大学出版社 2007 年版，第 167 页。

④ 张西山：《中国特色社会主义的制度文化分析》，社会科学文献出版社 2013 年版，第 214 页。

⑤ 郭继承：《中国近代民族危机下的现代性选择与建构——李大钊思想新解》，中国政法大学出版社 2011 年版，第 57 页。

为基本目标”，实践精神“肯定人对社会历史的创造性和推动性，历史是人类实践的结果，人类能够并且应当依据理性创造更加美好的世界，实现自身的解放”[①]。六是自强自为意识说：左开大、洪学军认为“主体性精神主要指主体的自我意识，主体能认识到自己的本质力量和现实地位，主体具有自觉、自强、自爱、自立、自为的意识”[②]。尽管六种观点对于主体性精神内涵理解的视角有所不同，但无疑它们为我们提供了一种多重逻辑的、复合的理解主体性精神的范式。透过理解的范式从总体上观之，这六种主体性精神概念体现出主体性精神的基本向度是人勇于承担责任，自强自为，积极实践，实现美好愿望求得自由与解放的精神，然而这些表述还需进一步凝练上升到理论层面对主体性精神进行更准确的定义。

第二，弘扬主体性精神的意义：孙喜亭认为“教育应该是弘扬人的主体性精神的教育，教育理应促进人的创造精神，自主精神得到发展而不是相反”[③]。李相佑认为社会主义现代化建设实践，需要发挥亿万建设者们的精神和智能。时代的主体性精神要求塑造一种积极向上、奋发进取、追求公平和正义的精神氛围。弘扬主体性精神在中国目前社会发展中具有特殊重要的意义。[④] 汪广荣认为主体性存在不仅指主体性实践，而且包括主体性精神。以物的存在为载体的主体性实践本身包含着主体性精神的内容，而主体性精神虽然也属于主体性实践的内容，但是主体性精神的存在方式却并不完全归属于主体性实践。全球互联网时代的到来使生存的物质性需求退居其次，技术的工

① 陈学明：《情系马克思——陈学明演讲集》，武汉大学出版社 2010 年版，第 26—27 页。

② 左开大、洪学军：《人之主体性存在——一种关系性的阐释》，载中国人学学会编《人学与现代化·全国第三届人学研讨会论文集》，广西人民出版社 2001 年版，第 61 页。

③ 孙喜亭：《人的主体性内涵与人的主体性教育》，《教育研究》1995 年第 10 期。

④ 李相佑：《马克思主义实践哲学的思维范式和发展理路研究》，河北人民出版社 2012 年版，第 123 页。

具化服务于主体性精神的发展成为主题。[①]

2. 大学生主体性精神培养研究

张红认为，大学生德育的主体性精神培养要强调受教育者的自我独立性、自主性、创造性、个体的需要、个体的满足，强调受教育者的自主自律能力培养。方法与途径就是：提高与完善大学生的自我意识；优化大学生的接受机制；不断改进教育方法。[②] 张志臣认为，大学生的主体性精神培养的内容有三个方面：心理和情感、道德和生活、审美和理想，课堂教学是主体性精神教育的主要途径，第二课堂是主体性精神教育的重要阵地。[③] 高校思想政治工作是大学生主体性精神培养的重要途径，采取的措施有：处理好成人与成才的关系；树立先进的教育理念；营造浓厚的校园文化；运用现代科技的方法；做好就业宣传工作，增强学生竞争意识；建立一支高素质的政工队伍。[④] 王铁生认为学生的主体性精神培养应符合社会发展和现代化教育的要求，教师启发、引导学生内在的教育需求，创设民主的教育环境，有目的、有计划地组织、规范各种教育活动，把学生培养成为自主、能动、创造性的社会主体。[⑤]

综上所述，学术界对主体性精神及其在大学生中的培养有了一定的研究，取得了一定的理论成果，但也存在不足。具体来讲，主要有以下两个方面：一是，相关概念有待进一步界定。主体性精神的概念在已查到的论文中归结起来有六种，各自表述不一，大多文章只有描述而没有凝练上升到理论层面进行准确的定义，导致研究的内容有些

---

① 汪广荣：《虚拟生存与人的主体性发展》，合肥工业大学出版社 2013 年版，第 270 页。

② 张红：《德育的主体性精神与大学生自我教育能力的培养》，《思想教育研究》2005 年第 5 期。

③ 张志臣：《主体性精神教育体系的构建与改革实践》，《衡水学院学报》2007 年第 12 期。

④ 张志臣、陈楠：《高校思想政治工作——主体性精神教育的重要途径》，《衡水学院学报》2006 年第 9 期。

⑤ 王铁生：《学校思想政治教育是主体性的精神教育》，《衡水学院学报》2008 年第 12 期。

混乱，出现在同一篇文章中概念运用不统一的现象。例如，把主体性精神与主体性、精神主体性、主体精神、主体性发展等概念相混淆。这就需要对主体性精神的概念继续凝练，然后对其特性、要素、功能、形成机理等做更为深入细致的研究，以形成理论的系统化。二是，在大学生中如何培养主体性精神的研究还有待深入。研究主体性精神还没有专著、博士和硕士论文出现，与“主体性精神”相关的思想主要集中在少数期刊论文和零星散见于一些学术专著内。基础理论研究的相对滞后，导致对大学生主体性精神的培养研究多停留于表层。因此，有必要在主体性精神概念进一步凝练的基础上，对大学生主体性精神的培养目标、原则、方法和路径等做更为深入的探究。

第三节　研究的基本概念界定

为深入理解主体性精神的科学内涵和全书研究的展开，我们需要对其概念进行准确界定，并与相关概念相辨析。

一　主体性

主体性英文是 subjectivity，德文是 Subjektivität，是一种主观性、主观之意。在西方哲学思想中没有很好地区分出来主体性中所包含的客观因素，而西方的自我主体又是自足自因的，这就容易导致主体性成为一种缺乏客观维度的主观任意性。回顾主体性的研究历史，西方主体性始于笛卡儿的“西哲第一原理”的“我思故我在”。他认为人通过其独特的思维而成为主体；当人被确立为主体后，被思之物就成为客体。由于他的二元分立的根本指向，主体性原则在确立之初，就隐含着一种离开客体的限度过度发展人的意识能动性的方面。在现代西方社会的整体推动下，被当作主观任意性的人的主体性不可避免地被极端发展了。人的主体性在自我意识无限膨胀的扩张中引起了现实生活中的反主体性的问题，导致西方主体性研究陷入困境之中。

什么是主体性，国内目前尚无一致的界定，归结起来大致有以下几种说法：一是一些学者认为主体性就是人性。应当说主体性有人性的一面，但也要看到主体性与人性的区别。主体性是人在对象性活动当中所体现出来的人的根本属性，而人性侧重于人存在的属性以区别于动物属性。二是一些学者把主体性概括为人在自由自觉活动中的自主性、自为性、能动性、选择性、创造性。这是目前多数文章中出现的概念，应当说这种用主体性外在表现的具体形式来说明主体性的方法具有合理性，为我们认识主体性提供了初步的轮廓，但不足的是主体性本身还不能说由某几个外在特性就完全把握住了它的本质。同时，这几个特性之间也存在相互重叠之处，比如能动性就已经包括了其他几个特性。三是一些学者认为主体性就是人对世界包括自身的实践改造性。这个概念从实践观来认识主体性的生成无疑是正确的，但是我们也应该看到实践是现实化的感性的物质活动，连接着主客双方，如果仅仅把主体性归结为实践又会导致实践一元论，使主体性概念似乎有狭窄之嫌，同时也容易导致人们把一些平庸的任意实践当作好的主体性来看待。四是有学者认为主体性是指“在一定的主客体对象性关系中，主体通过对象性活动生成和发展起来的把科学性与价值性相结合，合规律性与合目的性相统一的主体的本质属性”[①]。这一概念把价值性和目的性用到了主体性当中，能够较好地解释主体性发生的原因，但是我们也应该看到主体的承担者还须进一步明确，离开了具体的人去谈主体性就会空泛，同时客体也须进一步阐明客体不等同于物体，它应是一种客观存在。五是有学者认为主体性是指人在自己对象性行为中的权利和责任。这一概念具有了明确的主体“自己”和价值取向的权利与责任，但是衡量主体性的强弱仅靠权利和责任还是不够。虽然，各派对主体性有不同的界定，但是，承认“主体性具有客观性”，“主体性是人在实践活动中主客体相互作用中生成的”，

① 张彦：《思想政治教育主体性研究》，广东人民出版社2006年版，第16—17页。

“是人的能动性”，这些观点各派认识还是比较统一的，但还须进一步挖掘主体性更深层的内涵。比如，我们还需要进一步明晰能动的对象性活动并不是任意的活动，要区分出人是有限制的对象性活动，否则就会陷入没有边界的人的无所不能、无所不为，而且能动性一词只是从量上反映出人存在的状态，对此主体性应该有质的导向就是成为主体，因为量上任意能动与积累并不必然最终导致成为主体。因此主体性理论还需要在马克思主义思想指导下对其核心精神继续深化，以便更好地推进主体性理论在现实当中的应用。

二　主体性精神

（一）自我超越的界说

自我，《现代汉语大词典》中的解释是“自己”之意。[①] 这个解释廓清了事物权利和责任的承担者的范围是自己，别人不能代替。在西方心理学中通常认为自我是“指人的理性。是本我的原始欲望与生活现实之间的中介物。它按现实原则行事，对本我冲动加以控制，受超我的约束”[②]。这一概念来源于弗洛伊德的精神分析学，它把自我归结为一个狭窄的自我理性意识部分，并不能反映自我的全貌。西方哲学认为自我“即主体。与‘非我’相对。经常被用以代替灵魂或心理活动，表示在主观经验基础上的形而上学的统一性原则。它可以被认为是与自然不同的东西。‘自我’一词作为表达主体的概念，各派哲学家在使用时赋予不同的含义”[③]。西方哲学从认识论上把自我概念与精神实体等同，并且是自足的实体，衍生出了西方自我为中心的思想。中国传统儒家文化的自我是：“通过代词‘我’及其等同词‘予’或‘吾’做出的，它们指内在于人的存在、活动和思想的东

① 阮智富、郭忠新：《现代汉语大词典》下册，上海辞书出版社2009年版，第2955页。

② 杨治良主编：《简明心理学辞典》，上海辞书出版社2007年版，第21页。

③ 金炳华主编：《马克思主义哲学大辞典》，上海辞书出版社2003年版，第18—19页。

西，包含了作为人自我的各个部分，同时又指所有部分的整体。”① 中国传统儒家的自我不仅仅是意识主体，而且是知行合一处于与人活动交流中的主体。因此，自我就是一个人本身、一个人自身的存在、社会活动及其过程，它既是自我意识的主体，自我意识过程的承担者，又是自我意识的客体，自我意识所能反映的对象。② 这一解释较能正确反映自我这一概念的全貌。

人作为不断超越的主体是抽象的“实体”“本体”还是具体的个体“自我”？西方传统哲学长期以来囿于“实体”“本体”等哲学基本范畴，试图以一元化来把握世界的最高统一性，这种形而上学的理念自从古希腊的柏拉图、亚里士多德一直持续到近代康德、黑格尔等人的哲学思想。从现实个体“自我”的实际活动出发，马克思摆脱了旧哲学“实体”“本体”的纠缠，从实践层面去理解人与客观事物的对象性关系，通过实践使“各种关系回归于人自身”。马克思说：“环境的改变和人的活动或自我改变的一致，只能被看做是并合理地理解为革命的实践。”③ 人改造世界、改造自我就等同于“革命的实践”，正是在这个意义上说，“人们的社会历史始终只是他们的个体发展的历史”④，也就是个体不断自我超越的“革命的实践”形成人与自身、社会、自然的关系，成为历史的“剧作者”与“剧中人”的历史。因此，超越的主体是追求着自我目的与意义的具体的现实活动的个体，而不是作为“普遍”“概念”“抽象”的“本体”。对于这一点，恩格斯说：“我们必须从我，从经验的、有血有肉的个人出发，不是为了像施蒂纳那样陷在里面，而是为了从那里上升到‘人’。只要‘人’不是以经验的人为基础，那么他始终是一个虚幻

① ［英］姚新中等：《自我建构与同一性——儒家的自我与一些西方自我观念之比较》，《哲学译丛》1999 年第 2 期。

② 陈会昌主编：《中国学前教育百科全书·心理发展卷》，沈阳出版社 1995 年版，第 192 页。

③ 《马克思恩格斯文集》第 1 卷，人民出版社 2009 年版，第 500 页。

④ 《马克思恩格斯文集》第 10 卷，人民出版社 2009 年版，第 43 页。

的形象"①。只有确立个体自我作为实践超越的承担主体，才能将生存和发展的责任与权利交还给个体自身，实现"以物为本"向"以人为本"的逻辑转换。② 贺来从语言层面分析了当前哲学理论创新存在的困境："'理论言说'的'集体主义'成为隐蔽和保护个人的有效的'护身符'和'保护壳'，'自我'在'我们'的'保护'下获得了'安全感'。个体言说摆脱了责任的重负，一起加入了'我们'的'大锅饭'，同时也为自己撑开了一把'我们'的'保护伞'。"③ 当前，我们的社会中一部分人贪图享乐或者消极悲观，不思进取，没有担当和发展的责任意识，给国家和社会发展带来很大的负面影响。树立自我不是强调自我意识为中心，而是说面对生存和发展的限制或束缚的超越要有明确的人作为利益和责任的承担主体，迎难而上，即生存和发展问题正面对着主体自我，必须立足自我来解决，别人不能代替，因为，"内因是变化的根据，外因通过内因而起作用"④。同时，树立自我这个"内因"在于人的普遍共性的意义之下，由于个人在历史所形成的问题域的不同，造成个人生存和发展上的独特个性，为主体性打上个人的印记留出了前提的空间。

《朗文现代英汉双解词典》上说，超越可以作为动词（transcend）使用，其基本含义指超出或超过某种限制或障碍。作为名词，超越（transcendence）指事物已达到超越的状态或指向超验、超凡之意。⑤《牛津英语词典》认为 transcend 来自拉丁语 tran（s）scend-ĕre，意为超越限制，上升、升起之意。⑥《现代汉语大辞典》上说超越有越过、

① 《马克思恩格斯文集》第 10 卷，人民出版社 2009 年版，第 25 页。

② 参见张新吾、黄瑞雄《思想政治教育元问题研究——基于人的自我超越视阈》，《理论导刊》2017 年第 2 期。

③ 贺来：《个体性"哲学自我"的显明：理论创新的重大前提》，《江海学刊》2012 年第 5 期。

④ 《毛泽东选集》第 1 卷，人民出版社 1991 年版，第 302 页。

⑤ 《朗文现代英汉双解词典》，现代出版社 1988 年版，第 1511 页。

⑥ J. A. Simpson and E. S. C. Weiner, eds., *The Oxford English Dictionary* (Second Edition. Volume XVIII), Lond: Oxford University Press, 1989, pp. 388 – 389.

胜过、超越权限之意。[①] 其中“超”有一跃而上、跳过、跃升、超过之意[②]，“越”有经过、越过、超出之意。[③] 总而言之，超越可以表达出事物发展的三个层面本意：第一层含义是超出或超过某种限制，对于限制既可以是物质上的亦可以是意识上的；第二层含义是在某方面有超出、超过、胜过或胜出的状态或结果；第三层含义是上升、升起、跃升或向前之意。因此，超越表达了具有不断发展、不断扬弃的旨意，即超出某种障碍或限制，不断前进之意。由于超越是与束缚、障碍、限制相联系的，不是漫无边际的思想“梦游”，因此，超越是具有问题域的超越，对个人而言就具有了面向未来生存和发展的意蕴。它既表达出事物的动态过程又体现出发展的结果，对个人而言超越意蕴着对人生理想目标的不断追求与实现的量变与质变的统一。

在现当代西方哲学家的思想中对超越尤为推崇，唯意志论者尼采认为的超越就是要成为超人，即“目标并不是‘人类’，而是超人!”[④]。他把生活分为两种，“一种是奋发有为的生活，另一种是堕落的、腐化的、软弱的生活”[⑤]。他认为前者代表着真正的人类意义，后者对人类的进步不仅无价值，而且是一种累赘。海德格尔认为：“如若人们选用‘主体’（Subjekt）这个名称来表示我们自身向来所是并且作为‘此在’（Dasein）来理解的那个存在者，那么，这就是说：超越标志着主体的本质，乃是主体性的基本结构。主体绝不事先作为‘主体’而实存，尔后也才——如果根本上有客体现成存在的话——进行超越；相反，主体之存在（Subjektsein）意味着：这个存在者在超越中并且作为超越而存在。”[⑥] 在海德格尔看来超越是人的存在方式，即由存在 A 超越自身达到存在 B，向可能的世界展开，标

---

① 王同艺主编：《现代汉语大辞典》，海南出版社 1992 年版，第 147 页。
② 同上书，第 146 页。
③ 同上书，第 1715 页。
④ 洪谦主编：《西方现代资产阶级哲学论著选辑》，商务印书馆 1982 年版，第 23 页。
⑤ 同上书，第 22 页。
⑥ ［德］海德格尔：《路标》，孙周兴译，商务印书馆 2014 年版，第 162 页。

志着人作为主体的本质。萨特认为："人的实在是它自身向着欠缺它的东西的超越，如果它曾是它所是的，它就向着它可能是的那个特殊的存在超越。……人的实在乃是向着与从未给定的自我重合而进行的不断的超越。"[①] 这就是说，超越是人的实在，而超越的根源在于人"自身的欠缺"，人通过"自为"向着"是其所不是和不是其所是"去超越。雅斯贝尔斯认为："在向超越存在超越的这种飞跃中，我的本质自身就在思想里作了根本性的抉择，这就是我的本质的现实所作的根本性抉择。"[②] 这就是说，超越是人生存的根本性抉择。虽然西方一些思想家关注人的超越性问题，但是他们的超越信奉的是形式上的超越，而不是实质上的超越，尼采把超越归结为"强力意志"的唯意志论，海德格尔的超越离开了人的实践只会把超越归结为某种抽象的神秘力量，萨特的超越前提设定为没有任何限制的自由选择，雅斯贝尔斯最终把超越统一到虚无的"上帝"的超验世界，他们的超越注定会把人带到存在的虚无或神秘，而不是人实质上获得现实的超越与解放。[③]

超越作为人类文明的优秀成果，马克思虽然没有明确说明，但马克思的意识观、实践观、自由旨趣，都表明了人是超越性的存在。马克思指出："动物和自己的生命活动是直接同一的。动物不把自己同自己的生命活动区别开来。它就是自己的生命活动。人则使自己的生命活动本身变成自己意志的和自己意识的对象。他具有有意识的生命活动。这不是人与之直接融为一体的那种规定性。有意识的生命活动把人同动物的生命活动直接区别开来。"[④] 这就是说，人的意识要不

① ［法］萨特：《存在与虚无》，陈宣良等译，生活·读书·新知三联书店 2015 年版，第 126 页。

② ［德］卡尔·雅斯贝尔斯：《生存哲学》，王玖兴译，上海译文出版社 1994 年版，第 19 页。

③ 参见张新吾、黄瑞雄《思想政治教育元问题研究——基于人的自我超越视阈》，《理论导刊》2017 年第 2 期。

④ 《马克思恩格斯文集》第 1 卷，人民出版社 2009 年版，第 162 页。

断地反观自身，超越自在的给定性，才能不断地把人的生命活动与动物“区别开来”。但是人的超越不能仅仅停留于意识层面，要实现真正的超越，马克思认为只有通过实践，这也是马克思与其他西方思想家超越论的根本分野。马克思认为：“人的思维是否具有客观的真理性，这不是一个理论的问题，而是一个实践的问题。人应该在实践中证明自己思维的真理性，即自己思维的现实性和力量，自己思维的此岸性。”① 这就是说，意识的真实性必须要依靠实践才能从主观的彼岸回归到现实的此岸，换言之，意识的超越只有通过实践才会是实质的超越。这是因为实践所具有的现实品性，正如列宁所说：“实践高于（理论的）认识，因为它不仅具有普遍性的品格，而且还具有直接现实性的品格。”② 德国希望哲学家布洛赫说：“只有这种与各项条件相中介的实践才是基于当时的可能性的实践而这种当时的可能性恰恰存在于开放的历史和世界的全部可能性—存在领域之中。在历史过程中，只有这样的实践才是有待判决的事情：‘人的自然化、自然化的人’从现实的可能性过渡到现实。”③ 人只有凭借实践的现实本性才能不断地超越客观事物和自身的自在性与约束性，建构着属于人的世界和自己的本质。④ 恩格斯在《德国农民战争》一文中对中世纪平民革命脱离实际提出市民平等、财产平等的想法的评论就表达了类似的思想：“但是，这种超越不仅超出了现在，甚至超出了未来，因此，它只能是武断的、空想的超越，而在第一次付诸实践的尝试之后，就不得不退到当时条件所容许的有限范围中去。”⑤ 恩格斯认为中世纪平民的这种幻想“对共产主义所作的预见，在实际上成了对现代资产

---

① 《马克思恩格斯文集》第 1 卷，人民出版社 2009 年版，第 500 页。

② 《列宁全集》第 55 卷，人民出版社 2017 年版，第 183 页。

③ ［德］恩斯特·布洛赫：《希望的原理》，梦海译，上海译文出版社 2012 年版，第 299 页。

④ 参见张新吾、黄瑞雄《思想政治教育元问题研究——基于人的自我超越视阈》，《理论导刊》2017 年第 2 期。

⑤ 《马克思恩格斯文集》第 2 卷，人民出版社 2009 年版，第 239 页。

阶级关系的预见"[1]，但是，对于中世纪的平民而言这"锡利亚式狂想"只是形式上的超越并没有获得任何实质的超越，实质的超越一定是将思想付诸实践在"当时条件所容许的有限范围"内实现之。因此，马克思主义的实践超越观不是仅仅停留于西方自我意识层面上的"解释世界"的形式超越，而更在于实质的"改造世界"，即"属人的世界"的自我超越。

（二）主体性精神的含义

对于主体性精神我们首先需要认识到人是受限制的存在。马克思说："人作为自然存在物，而且作为有生命的自然存在物，一方面具有自然力、生命力，是能动的自然存在物；这些力量作为天赋和才能、作为欲望存在于人身上；另一方面，人作为自然的、肉体的、感性的、对象性的存在物，同动植物一样，是受动的、受制约的和受限制的存在物，就是说，他的欲望的对象是作为不依赖于他的对象而存在于他之外的；但是，这些对象是他的需要的对象；是表现和确证他的本质力量所不可缺少的、重要的对象。"[2] 这就是说，对象是客观存在的，人要超越对象的限制来满足他生存和发展的需要，表现和确证"它是对象性的本质力量的主体性"[3]。这意味着，人受限制是他存在的基本状态，人的能动性就是要超越这种限制，获得生存和发展意义上的自由与解放。但是超越一种限制又会迎来新的限制。黑格尔也表达出了同样的观点："正是当一件事物被标明为有限或受限制的东西时，它即包含有限或无限制东西的真实现在的证明。"[4] 这就是说，事物受限制的存在就是它的真实，黑格尔辩证法试图从受限制才能推导出对限制的超越，从有限才能推导出无限，即从对立面中推导出自身。虽然黑格尔把世界归结到"绝对精神"的外化，走向了客

① 《马克思恩格斯文集》第 2 卷，人民出版社 2009 年版，第 239 页。
② 《马克思恩格斯文集》第 1 卷，人民出版社 2009 年版，第 209 页。
③ 同上。
④ ［德］黑格尔：《小逻辑》，贺麟译，商务印书馆 2009 年版，第 149 页。

观唯心论，但是他以辩证法的方式来述说事物的存在方式，仍有其认识的深刻性、合理性、可取之处。因为，不从事物的有限性着手，就无法说明事物的无限性。因此，马克思相对于受限性的主体性思想为主体性精神的理论构建昭示着方向，这意味着人的主体性必然要与受限性相对而言，人在超越受限的过程中才能表现和确证着他的主体性，否则，主体性话题终究只会演变成空洞且抽象的“无的放矢”。所以，人的主体性精神的能动要结合着人面对的客观受动、受制约和受限制来认识，也就意味着人的主体性的能动是与生存和发展的问题联系在一起的，谈主体性的同时要把受限制的问题摆出来。其次，主体性精神既体现在结果也体现在过程中。人的主体性精神是要达到超越限制的目的的实质结果，这个结果体现出人主体性的强弱和方向。同时，人要超越限制也是一个过程概念，这一方面是说，人并非总是顺利地超越限制，人超越限制所付出的努力就是主体性“本质力量”的展现过程；另一方面说，人每前进一步都会遇到来自各方面的困难和挑战，停滞不前，意味着主体性的消退，也就会丧失获得更好生存和发展的空间。再次，主体性的人要完成对限制的超越一定不是抽象的人或非生命的主体而是具体现实的人，要有一个明确权利与责任承担的社会人，别人不能替代。主体性不是价值无涉，正如马克思所说：“人们为之奋斗的一切，都同他们的利益有关”①。这就是说，人超越限制就是为了获得生存和发展的需要和利益，但它不是现成的，“世界不会满足人，人决心以自己的行动来改变世界”②。在这个意义上，我们可以说“主体的呼唤是人自我解放的呼声”③。所要明晰的是，这里的自我是指价值主体、责任主体和动力主体的统一，而非指西方认识论第一实体“自我”，并非单子式的自我，因为实质超越是

① 《马克思恩格斯全集》第1卷，人民出版社1995年版，第187页。

② 《列宁全集》第55卷，人民出版社2017年版，第183页。

③ 高清海：《找回失去的“哲学自我”——哲学创新的生命本性》，北京师范大学出版社2013年版，第233页。

个体自我融入社会才能实现。最后，主体性精神超越限制是在实践中实现的，限制的超越就是对原有状态的实质改变，不是停留在意识层面的遐想。虽然，在意识层面人能够达到某种形式的超越，但是没有实质意义。对此，马克思有句话说得妙，“环境的改变和人的活动的一致，只能被看做是并合理地理解为变革的实践”①。没有人的实践活动，所有主观意识都只不过是一种可能存在的预想，而不会产生出实质的结果，限制依然未改变。换言之，也可以说要彰显人的主体性光芒，最终还得要靠实践。

结合马克思人的能动与受限观的理解与目前6种主体性精神概念的说法（主体性精神体现的基本向度是人勇于承担责任，自强自为，积极实践，实现美好愿望求得自由与解放的精神），我们可以将主体性精神进一步归结为人意识到自身生存和发展受到客观限制或束缚，通过主观能动性与实践，在超越限制的过程与结果中所表现出来的本质力量。其实质就是自我超越——它不是西方主体性仅仅停留于主观意识的遐想，而是把自我的主观能动性通过实践活动作用于客观，超越客观的限制或束缚，在实现自由与解放的过程与结果中表现出来的本质力量，使人成为主体。这里的主体性精神凸显了自我以受到限制或束缚的问题为对象，超越并不意味着控制客体而是解决问题，譬如红军长征突破、摆脱了国民党军的限制或束缚的问题，并不意味着红军就控制了国民党军。它体现的是主体性的根本精神，即主体性的精要之意、实质所在，使得主体性有了人的自我归属，自主性、能动性、创造性有了属人的生存和发展的问题域，凸显了意识的能动和实质超越的统一。它根源于人面对外界事物的运动变化不断产生的生存和发展的问题，以解决问题贯穿整个人的成长历程，不断地超越推动人的自我完善，实现人的自由而全面发展与意义世界的获得。

---

① 《马克思恩格斯文集》第1卷，人民出版社2009年版，第504页。

三 主体性精神相关概念辨析

（一）主体与客体

主体是认识活动和实践活动的承担者，而客体则是认识和实践的对象。主体和客体反映了人与事物之间的特定关系，主体只能是处于活动着的现实的个人或社会群体，离开了现实个人或社会群体的活动去谈主体就失去了应有的意义，客体是具有客观存在的活动对象，也包括人自身和社会，因此，离开了活动的对象，同样无所谓主体。在马克思看来，在实际生产中，“主体是人，客体是自然”[①]。这是从总体上说的，相对于以人所构成的社会为主体的活动，客体就是自然界。在具体的人的活动中，主体、客体关系是复杂的，有时互易其位，甚至发生内容及形式的变换，而主客体的关系要通过对象性活动才能达到统一。这里特别要引起注意的是如果把客体仅仅当作物体，而不是从物质客观性来看待，其结果就会使得主客关系狭窄化。

（二）主体性与客体性

主体性是人作为活动主体的质的规定性，是在与客体相互作用中得到发展的特性，一般表现出自主性、能动性、创造性等特点。客体性是作为客体的事物在与主体的特定关系中所显示的特性，包括客观实在性、限定性等特点。主体是人，但人不等于主体。一般而论，人的含义要比主体的含义更为广泛，只有那些在活动中具有主体性的人才能称之为主体，同样，只有那些进入人的活动范围的对象显示着它们的客体性才能称之为客体。马克思的主体性是对象性的主体性，意味着不是单纯从主体与客体对立的角度，而是从主体与对象（对立）统一的角度看待“关系思维”。在这种活动中，主体和对象总是双向的、互为对象的关系。因此，既不存在脱离“关系”的主体，也不存在脱离“关系”的客体。

---

① 《马克思恩格斯文集》第8卷，人民出版社2009年版，第9页。

（三）主体性与人性

主体性和人性是两个不同的概念。主体性是人性，但不等同于人性，一般而言，人性的含义要比主体性的含义广泛，主体性只是许多人性中最为根本的东西，是作为主体的人的根本性质。主体性本质上是主体与客体的对象性活动中所展现出来的特性，是指主体对客体的主导地位以及对客体能动地认识的特性。主体性是相对于客体性而言的，而人性是相对于动物性而言的。当对人以客体为参照系时，人是主体，他的各种规定性就是主体性；当对人以动物作为参照系时，他只是人，他的各种规定性就是人性。因此，不能把主体的规定性同主体的现实存在等同起来。主体是人，因而主体性当然与人性有关系，主体的属性包含了人的属性，主体性离不开人的特性。然而，主体的人不是一般意义上的人，人不一定都能表现出主体性。

（四）主体性与主体间性

人展示着自己的主体性，发挥自己的主体性，是以社会为中介，以他人为中介，是在社会中，在与他人的相互关系中体现出自己的主体性。而他人也是主体性存在，所以个体（我）要在他人面前体现自己的主体性，就不能像对待自然物那样，简单地将他人当成被动的客体，而同时也必须将他人看作主体性存在，所以主体间性要体现的是人与人之间的主体性关系问题，而这个社会关系的处理仍然要以发挥人的主观能动性为前提，因此，主体间性还是在主体性的研究范围之内，只不过强调了人与人之间的和谐、共生的关系。

（五）主体性精神与主体精神

主体性是相对于客体性而言表现出的自主、能动、创造等特性，而最为核心的是要超越客体对人的限定性，实现人的自由与解放旨趣，因此，主体性精神表达和强调的是人对客观限制或束缚的超越，实现人的自由与解放。主体是相对于客体而言的认识活动与实践活动的承担者，主体精神侧重于强调人要担当起认识和实践活动的重任，与客体相区别，在对象性活动中实现主客体的统一。

第四节 研究的意义

本书有利于深化对马克思主义人的主体性思想的理解，提升对思想政治教育超越功能的认识，有利于帮助大学生树立马克思主义的自我超越观，自觉地把自身发展与社会发展联系起来，在实践中发挥主体性精神去超越生存和发展的限制或束缚，实现人的自由而全面的发展。

一 理论意义

（一）深化对马克思主义人的主体性思想的理解，探索主体性精神研究的新思路

人总是会受到这样那样的限制，无论人类或个体而言皆是如此，正如卢梭所言，“人是生而自由的，但却无往不在枷锁之中”①，在《1857—1858 年经济学手稿》中马克思则更为认识深刻：“克服这种障碍本身，就是自由的实现，而且进一步说，外在目的失掉了单纯外在自然必然性的外观，被看做个人自己提出的目的，因而被看做自我实现，主体的对象化，也就是实在的自由——而这种自由见之于活动恰恰就是劳动。”② 马克思阐述了“克服障碍”与实现“自由”的关系，虽然他是从劳动角度阐述人的“实在的自由”，但深刻认识了实践与自由的关系，表现出“人不是由于具有避免某种事物发生的消极力量，而是由于具有表现本身的真正个性的积极力量才是自由的”③。从这个意义上说作为主体的人类或个体发展历史的“每一个进步都是迈向自由的一步”，进而言之，也表征出人主体性精神的存在。虽然

① ［法］卢梭：《社会契约论》，何兆武译，商务印书馆 2017 年版，第 4 页。
② 《马克思恩格斯文集》第 8 卷，人民出版社 2009 年版，第 174 页。
③ 《马克思恩格斯文集》第 1 卷，人民出版社 2009 年版，第 335 页。

学界对主体性精神已有一定研究，聚讼纷纭，但仍显得比较泛化，理论深度不足。本书以马克思主义关于人的能动性、人的实践和自由等理论观点为指导，在参照、借鉴中国传统哲学和西方哲学有关主体性思想的基础上，阐明“自我超越”是人的主体性精神实质，在此基础上，指出主体性精神的特性、要素、层次结构、形成机理等，建构着具有马克思主义理论旨趣的主体性精神观点，以区别于西方哲学人的精神超越（超验）观。这无疑有助于加深对马克思主义人的主体性思想的认识，探索人的主体性精神研究的新思路。

（二）有利于提高对思想政治教育的超越功能的认识

我国传统的教育，是一种再生的教育。“思想政治教育受这种传统教育的影响很深，加上过去集中统一的计划经济体制，使思想政治教育的再生性更加突出……这种教育，固然可以传承文化，继承传统，有其存在合理性的一面，但它过分注重传承，只是简单再生，重复过去的东西，缺乏创造与超越，不能满足社会发展和人的发展需要。”① “关注现代人的思想政治教育需要是提高思想政治教育实效性的前提。”② 人的需要和利益“概括起来，第一是生存，第二是发展”③。也就是说，人的生存和发展就是人的需要和利益。人的主体性精神是人意识到自身生存和发展受到客观限制或束缚，通过主观能动性与实践，在超越限制的过程与结果中所表现出来的本质力量。它根本的目的在于超越客观限制或束缚，满足人生存和发展的需要。这种精神是“立德树人”的思想政治教育尤其是需要在学生中培养的精神。因此，通过主体性精神理论的研究无疑可以提高对思想政治教育超越功能的认识。

---

① 张耀灿等：《现代思想政治教育学》，人民出版社 2006 年版，第 91 页。

② 林春逸：《关注人的思想政治教育需要提升思想政治教育实效性》，《学校党建与思想教育》2005 年第 9 期。

③ 李为善等：《主体性和哲学基本问题》，中央文献出版社 2002 年版，第 247 页。

二 实践意义

每个时代所面临的境遇与挑战不尽相同，步入新时代，出现了一些新情况、新特点需要面对，但是无论是个人还是由其所组成的共同体国家或组织都是需要发扬主体性精神去超越限制，这是时代的呼唤。

习近平总书记在庆祝红军长征80周年大会上指出：“我们还有许多‘雪山’、‘草地’需要跨越，还有许多‘娄山关’、‘腊子口’需要征服，一切贪图安逸、不愿继续艰苦奋斗的想法都是要不得的，一切骄傲自满、不愿继续开拓前进的想法都是要不得的。”① 在2019年9月3日中央党校中青年干部培训班开班式上他更是明确地指出，“建立中国共产党、成立中华人民共和国、实行改革开放、推进新时代中国特色社会主义事业，都是在斗争中诞生、在斗争中发展、在斗争中壮大的”，“我们共产党人的斗争，从来都是奔着矛盾问题、风险挑战去的”②。由此可见，习近平总书记说出了一个道理，中国人民与中国共产党的伟大事业不管是在革命战争年代，还是在现代化建设新时代都需要靠不断超越受到限制或束缚的矛盾或问题来获得发展。一个组织如此，对于个人的生存和发展而言亦是如此。中国作为追赶现代化的后发型国家，起步比较低，时空压缩式的急速现代化进程，对人们的生产、生活、观念都会形成压力和挑战，需要人们去创造性地克服，以适应社会变化革新的需要。大学阶段是人生承上启下的关键时期，大学生要面对复杂的社会期望与要求，有各种理想的人生目标需要自我超越才能实现；有无限的知识和技能需要超常规学习；“众创”时代背景下要创新、创业取得社会成就需要付出超常规的努力，所有这些任务，每一项的实现都会遇到这样、那样的问题与困难，都要付出青

---

① 《习近平谈治国理政》第2卷，人民出版社2017年版，第49页。

② 习近平：《发扬斗争精神增强斗争本领，为实现“两个一百年”奋斗目标而顽强奋斗》，《人民日报》2019年9月4日第1版。

春的劳苦，而其中许多重要的超越目标如果没有实现，或者不能很好地实现，都会在近期或远期影响人的生存和发展。在受到限制的问题和困难面前消极悲观或者沉迷于感官的享乐，逃避发展的责任，都是十分有害的。然而，部分大学生精神缺失、急功近利、贪图享受、心理问题重重，表现出急躁、浮躁、烦躁等情绪，给个人发展带来严重阻抗，通过对大学生的主体性精神的研究与培养，有利于帮助大学生认识马克思主义的自我超越观，自觉地把自身发展与新时代社会发展联系起来，在实践中发挥主体性精神去超越生存和发展的限制或束缚，在超越限制或束缚中去推动创新、创业，实现人的自由而全面的发展，成为发展的“目标主体”、“动力主体”和“责任主体”的统一。

第五节 研究的基本思路、方法和创新之处

一 研究的基本思路

本书研究的基本思路是：首先，梳理国内外主体性精神相关文献的研究现状，以马克思主义关于人的能动性、“现实的个人”、实践和自由等理论观点为指导，在参照、借鉴中国传统哲学和西方哲学有关主体性思想的基础上，对主体性精神的内涵进行界定，进而阐述主体性精神的特性、要素、层次结构、分类、形成机理和主要功能；其次，通过使用全国的调查数据，来透视大学生主体性精神的现状，并对其存在的问题进行原因分析；最后，提出相应的培养目标、原则、方法和路径。

二 研究方法

本书坚持以马克思主义为指导，以人的自我超越为理论的着眼点进行创新，采取总体性原则，从总体上把握人面对受到限制的问题进行超越这一主题，构建主体性精神及其在大学生中培养的基本理论。在总体性原则下，主要采用的方法如下。

（一）文献研究法

在研究过程中，广泛搜集、整理、研读国内外关于主体、主体性、主体性精神的大量文献资料，使推论和观点的提出有坚实可靠的文献基础。在主体性精神理论构建的基础上，查阅近年来全国大学生基本情况的最新权威调查数据，经过归纳、整理、分析、鉴别，梳理出大学生主体性精神的现状，并对其存在的问题进行原因分析。

（二）多学科综合研究法

人的主体性精神培养研究涉及与人的主体性相关的众多学科领域，除了马克思主义思想政治教育学科理论，还要充分参考和借鉴其他学科发展的最新理论成果，比如哲学、教育学、心理学、社会学、历史学等学科的相关思想，进行多角度、多层次的研究，使研究具有客观性、创新性。

（三）历史与逻辑统一法

历史的方法是社会科学的基本方法。对古今中外主体性思想的来龙去脉的历史进程进行梳理，通过逻辑研究的方法，从中提炼出主体性及其研究的内在规律和特点，构建大学生主体性精神及其培养的基本理论。

三　创新之处

（一）理论创新

以前对主体性精神没有能清晰界定，多停留于概念和意义上的泛化研究，缺乏深层次的理论建构。本书在主体性精神实质为自我超越的概念界定后，对其特点、要素、分类、形成机理、功能、理论依据等进行系统的研究，拓展主体性精神研究的一些深层次思想理论。

（二）研究视角的创新

本书以人超越限制或束缚为理论视角，通过培养大学生自我超越的主体性精神，去激励大学生面对困难和问题积极进取，成长、成才、创新、创业。

第一章

主体性精神概述

研究大学生主体性精神的培养，首要必须是对主体性精神的特性、要素、层次结构、分类、形成机理、主要功能进行深入论述，建构出可靠的理论体系，才能使得培养具备坚实的理论基础支撑。主体性精神的特性内在地体现出人由形式超越到实质超越的整个过程，要素和结构是主体性精神特性的突出表现，分类是主体性精神不同种类之间发展的关联和目标走向，形成机理是主体性精神生成的缘由，功能则体现出主体性精神对人生存和发展的功效、作用。

第一节　主体性精神的特性

主体性精神的总特性是人的自我超越。我们每个人面对着的世界是一个既定的世界，既定的世界并不是静止的世界，一切现存的事物都在发生着不断的运动变化，还未产生的世界向每个人迎面而来，可以预见到和未预见到的世界不断地走进每个人的生活，人处在特定时空的生存发展境遇中，不能停留于静观玄想以不变应万变，人只有不断地自我超越才能应对各种变化所带来的问题，跟上社会时代的潮流，并且应当成为时代的弄潮儿，以便获得更好的生存和发展的空间。人的超越改变了事物变化所带给人的否定，使人在生存和发展的新质上重新获得肯定，找回属人的意义世界和人的尊严。正是在这个意义上说，现实具体的人是限度性的存在，限制就是他的缺陷导致成为限制，他相对于各种事物的变化而言总会处于欠缺之中，人的自我超越也就意味着自我完善，在事物量和质的规定上不断突破，日益走向完满。正如萨特所说："自为和它的将来的关系就既不是静止的，也不是给定的；而是将来由自为进入现在以便在它内部规定它，因为自为已经在作为它的消除的将来那一边。自为只有在那里成为欠缺的消除，在这里才能是欠缺；但是它是按不是的方式不得不是这个消除的。"① 马斯洛从需求的角度出发表达出人的不断超越性："人是一种不断需求的动物，除短暂的时间外，极少达到完全满足的状态。一个欲望满足后，另一个迅速出现并取代它的位置，当这个被满足了，又会有一个站到突出的位置上来，人总是希望着什么，这是贯穿他整个一生的特点。"② 人生就是一个不断自我超越的过程，也就是间断与连续的过程。在古代社会，事物变化发展的节奏比较缓慢，对自我超越要求也就若隐若现，随着现代社会事物的加快变革，要求人必须不断地自我超越变得尤为迫切，人的社会也因此逐渐变成了超越型的社会。

人之所以具有超越的可能，是因为人的存在完全不同于人之外的其他存在。人虽来自物，却已超越于一切物之上，不能再把人归结为物；人是生命存在，人作为人又超越了生命局限，也不能再把人看成简单的物种生命。人的这一本性表明，人已跨越了自然的物种规定。在《1844 年经济学哲学手稿》中，马克思指出："动物只是按照它所属的那个种的尺度和需要来构造，而人却懂得按照任何一个种的尺度来进行生产，并且懂得处处都把固有的尺度运用于对象；因此，人也按照美的规律来构造。"③ 人的"固有尺度"是指人的本性、目的、利益、需要、规律等内在的规定性，它们不仅内在地构成和制约着主

① ［法］萨特：《存在与虚无》，陈宣良译，生活·读书·新知三联书店 2015 年版，第 257 页。

② ［美］亚伯拉罕·马斯洛：《动机与人格》，许金声译，中国人民大学出版社 2012 年版，第 9 页。

③ 《马克思恩格斯文集》第 1 卷，人民出版社 2009 年版，第 163 页。

体自身，而且从主体方面规定、制约着主体对客体的作用，促使客体主体化。恩格斯认为人“不应当到彼岸的太虚幻境，不是超越时间和空间，不是到存在于世界之中或与世界对立的什么‘神’那里去寻找真理，而应当到最近处，到人的心胸中去寻找真理。”[①] 人的内在尺度，就是人的主观性。如果没有主观性对客观性的否定性关系，就不可能超越现存的理想意图。而没有这些，也就不会有人作为主体的能动性活动。主观性作为心意以内的存在对人的生活虽然不具有直接现实性，这看来是它的缺陷，但它可以不受时间和空间的物理条件限制，由此使它具有最大的自由度，却又似乎成为它的优越性。正是由于主观性的这一特点，实践活动由时空物理条件限制所做不到的许多事情，人们在观念上却可以做得到。[②] 这就构成了人的精神上的“超越”，而部分西方思想家热衷于这种精神上的“超越”。从古希腊思想家亚里士多德希望通过对第一原理的追求到中世纪宗教神学奥古斯丁把信仰和热爱上帝作为最高标准和摆脱“原罪”的唯一出路，以及近代笛卡儿的“我思故我在”、黑格尔的绝对精神那里都体现出这一点。然而，缺乏现实依据，脱离了边际的主观性必将把精神的“超越”演变成为精神的“超验”。马克思辩证唯物主义彻底超越了这种观点，既肯定了人在客观依据基础上的精神主观存在超越性，又强调精神的超越要回归现实的“此岸”，实现人的真正自由和解放。马克思在《关于费尔巴哈的提纲》中有句名言：“哲学家们只是用不同的方式解释世界，问题在于改变世界。”[③] 这告诉我们带有客观依据的真实意识也必须依靠实践才能从主观的彼岸回归到现实的此岸，换言之，意识的超越只有通过实践才会转化为实质的超越。正如列宁批评唯心主义时所说：“它无疑是一朵无实花，然而却是生长在活生生的、

① 《马克思恩格斯全集》第3卷，人民出版社2002年版，第521页。

② 高清海：《找回失去的“哲学自我”——哲学创新的生命本性》，北京师范大学出版社2013年版，第123页。

③ 《马克思恩格斯文集》第1卷，人民出版社2009年版，第502页。

结果实的、真实的、强大的、全能的、客观的、绝对的人类认识这棵活树上的一朵无实花。”[①] 意识的超越回归到现实的超越，才能真正成为一朵“结果实的花”，构建出“属人的世界”。

主体性精神的超越总特性体现在四个方面的特性。

一 现实性

首先，主体性精神立足于现实性，因为自我超越的人是现实的人。马克思多次提到“现实的人”，现实的人就是有血有肉真实生活着的人。唯心主义发现人能思维，能创造，却被抽象为精神的动物。这与实际生活的人相去甚远。费尔巴哈以“类”来理解人，依然是和动物没有本质区别的纯粹生物学意义上的人，和实际生活中现实的人相比，依然是“抽象的人”。马克思说：“全部人类历史的第一个前提无疑是有生命的个人的存在。”[②] 他强调了人的现实性和具体性。马克思和恩格斯在《德意志意识形态》中明确提出：“从现实的、有生命的个人本身出发，把意识仅仅看做是他们的意识。”[③] 这里所指的人之所以是“现实的”，是因为他们把握了这样的一个前提：“它的前提是人，但不是处在某种虚幻的离群索居和固定不变状态中的人，而是处在现实的、可以通过经验观察到的、在一定条件下进行的发展过程中的人。”[④] 费尔巴哈逻辑地推定人的本质即是他们的类的共同性，马克思认为，真正的人既不是费尔巴哈所认为的有着固定不变的共同本质的“类存在物”，也不是施蒂纳所说的离群索居状态中的“唯一者”，而是处在一定历史条件下进行活动的、可以经验观察到的发展过程中的“现实的个人”。

其次，人的自我超越具有现实性，是因为现实既是超越的出发点

① 《列宁全集》第 55 卷，人民出版社 2017 年版，第 311 页。
② 《马克思恩格斯文集》第 1 卷，人民出版社 2009 年版，第 519 页。
③ 同上书，第 525 页。
④ 同上。

又是超越的最终落脚点。超越是个参照性概念，意味着由某个现实存在为基点向未来可能性现实不断地展开。离开了现实也就无所谓超越了，只会落入超验之中而不产生实质的内容。恩格斯在批评杜林的现实哲学时说："它不是从现实本身推导出现实，而是从观念推导出现实。"[①] 这就是说，真正的现实哲学是从现实出发，通过严密的逻辑推导出现实的可能。马克思在《黑格尔法哲学批判》中说："废除作为人民的虚幻幸福的宗教，就是要求人民的现实幸福。要求抛弃关于人民处境的幻觉，就是要求抛弃那需要幻觉的处境。"[②] 这就是说，宗教并不能带给人民现实苦难的超脱。换言之，现实存在的苦难的超越，不是在幻想中超越，而是实现现实的超越。因此，马克思对于哲学的态度是："不使哲学成为现实，就不能够消灭哲学。"[③] 这就是说，哲学既要从现实出发，又要回归现实，而不是从观念出发去推导出现实。西方众多思想家认为人的本质在于自我意识或精神。他们的思想理论追求让意识摆脱肉体的限制，超越时空界限而达到最大的普遍性。他们对于人的意识能动作用的一味拔高，包含着极大的片面性，那就是把人的意识能动性理解为完全的先在性和独立性，从而使意识凌驾于人的肉身和万物之上，贬低、否弃人的现实感性生活和感性世界，于是，意识脱离现实世界走向虚妄，成为无源之水。正如同马克思所说，唯心主义发展了人的能动的方面，但只是抽象地发展了，唯心主义思想家们"从来没有为历史提供世俗基础"[④]。列宁说："不管现实如何令人痛心，必须正视现实。"[⑤] 这就是说，掩盖现实，并不会改变现实，只会使事情变得更为糟糕。主体性精神就是要立足于现在的实际，把符合现实的理想转化为未来的现实以实现对客观限

① 《马克思恩格斯文集》第 9 卷，人民出版社 2009 年版，第 101 页。
② 《马克思恩格斯文集》第 1 卷，人民出版社 2009 年版，第 4 页。
③ 同上书，第 10 页。
④ 同上书，第 531 页。
⑤ 《列宁全集》第 30 卷，人民出版社 2017 年版，第 6 页。

制的超越。

基于马克思主义的理论观点，来理解人的主体性精神自我超越的现实特性，可以关注为以下几点。

（一）有问题域的现实性

“问题域”通常指问题的范围、问题之间的内在关系和逻辑可能性空间。它是由一系列彼此相关的各种问题所构成的有着内在逻辑结构的问题体系，谋求对这些问题的解决，实际上就是意味着对限制人生存和发展束缚的超越。马克思说：“现实中的个人，也就是说，这些个人是从事活动的，进行物质生产的，因而是在一定的物质的、不受他们任意支配的界限、前提和条件下活动着的。”[①] 这就是说，能动表现自己的现实中的个人不是为所欲为，而是受到各种前提条件的允许的范围内活动。正如卢梭所说：“人是生而自由的，但却无往不在枷锁之中。”[②] 离开了这个具体的人生存和发展所面临的独特具体的问题域，就会使人陷入无所不能的狂妄空想之中，不能解决任何问题，并由此带给人现实的超越。之所以人的能动性是在前提条件允许的范围内，这是因为现实性的事物都是有质的规定而存在。黑格尔说：“质，作为存在着的规定性，相对于包括在其中但又和它有差别的否定性而言，就是实在性”；又说，质的现实存在“不只是内在的主观的观念，而且是实现于某时某地的定在”[③]。在黑格尔那里一切“定在”的现实性都包含着有差别的“质”。现实作为出发点意味着具有质的规定性作为出发点，由现实的否定再到现实的肯定的超越过程，最终回归到现实就是回归到新“质”的规定性。既然存在着“质”的转化和发展，就意味着“质”中的问题是有范围的，所以不能跨越一定“质”所允许的范围去谈超越，否则现实的超越就会变

① 《马克思恩格斯文集》第1卷，人民出版社2009年版，第524页。

② ［法］卢梭：《社会契约论》，何兆武译，商务印书馆2017年版，第4页。

③ ［德］黑格尔：《小逻辑》，贺麟译，商务印书馆2009年版，第203页。

成没有规定的、虚空的东西。

（二）感性的现实性

列宁说："全部的真实性和现实性都是以感觉、肉体感觉为基础的。"① 这就是说，感觉始终是现实性的基础，离开了感觉基础我们就无法理解事物的真实性。"从前的一切唯物主义（包括费尔巴哈的唯物主义）的主要缺点是：对对象、现实、感性，只是从客体的或者直观的形式去理解，而不是把它们当做感性的人的活动，当做实践去理解，不是从主体方面去理解。"② 马克思认为旧唯物主义不能把现实和感性联系起来认识事物，也就不能理解主客体相互统一的对象性活动，结果对客观现实的认识就简单直观化了。因此，离开了感性的现实超越就会变成虚无的超验，坚持唯物主义的超越观是建立在现实可感的基础上，主客体相互作用的实践超越。

（三）规律的现实性

现实性强调感性的重要性，但现实性不等于现象性，现实性不是旧唯物主义对感性经验的直观理解，一切现存的都被当作现实的。黑格尔在《小逻辑》中说："现实是本质与实存或内与外所直接形成的统一。"③ 本质是事物内在的联系的规律，如果我们把现实事物仅仅停留于外在感性现实，而没有深入事物的本质现实，我们既不能很好地解释事物，也不能利用规律很好地改造事物。恩格斯说："根据黑格尔的意见，现实性决不是某种社会状态或政治状态在一切环境和一切时代所具有的属性。"④ 离开了对现实规律的把握，就会使超越陷于目光短浅的当前暂时的事物，而不能透过纷繁复杂现象的表面把握住根本的东西和事物发展的趋势，也就不能通过努力把现实可能的事物现实化。列宁说："现实的诸环节的全部总和的展开（注意）＝辩

① 《列宁全集》第55卷，人民出版社2017年版，第389页。
② 《马克思恩格斯文集》第1卷，人民出版社2009年版，第499页。
③ ［德］黑格尔：《小逻辑》，贺麟译，商务印书馆2009年版，第296页。
④ 《马克思恩格斯文集》第4卷，人民出版社2009年版，第268页。

证认识的本质。”[①] 只有那些具有符合内在规律的事物，才会在未来得以展开的现实，否则就是不可能的，不现实的，也就是无法超越的。

（四）全面性的现实性

“个人的全面性不是想象的或设想的全面性，而是他的现实联系和观念联系的全面性。”[②] 人的超越是在全面现实关系基础上的超越，绝不是孤立的、单子式的个体，是一个总体的人。马克思说人的本质“在其现实性上，它是一切社会关系的总和”[③]。人处于现实世界之中，也就是处于各种社会关系之中，人的生存和发展要通过社会交往来达成。与此相反，旧唯物主义费尔巴哈撇开了人的社会进程，把人理解成为抽象的“孤立的”个体，把人的本质“只能被理解为‘类’”，“把许多个人自然地联系起来的普遍性”[④]。因此，可以说现实性是一切社会关系的总和。人的自我超越前提，是建立在个人全面的社会关系的总和的基础上，不至于在狭隘的范围内来思考，而超越的实现，就是在不断地扩展着人的社会关系，走向全面发展的现实的人。

（五）有前提基础的现实性

马克思说：“我们开始要谈的前提并不是任意想出的，……这是一些现实的个人，是他们的活动和他们的物质生活条件，包括他们得到的现成的和由他们自己的活动所创造出来的物质生活条件。”[⑤] 这就是说，抛开现实个人的物质生活条件，就无法真正找到正确地理解人的入口，“人创造环境，同样环境也创造人”，而且没有客观的现实基础，就不可能产生真正的创造。马克思说：“人们自己创造自己

---

① 《列宁全集》第 55 卷，人民出版社 2017 年版，第 132 页。

② 《马克思恩格斯文集》第 8 卷，人民出版社 2009 年版，第 172 页。

③ 《马克思恩格斯文集》第 1 卷，人民出版社 2009 年版，第 501 页。

④ 《马克思恩格斯文集》第 1 卷，人民出版社 2009 年版，第 501 页。

⑤ 《马克思恩格斯全集》第 3 卷，人民出版社 1960 年版，第 23 页。

的历史，但是他们并不是随心所欲地创造，并不是在他们自己选定的条件下创造，而是在直接碰到的、既定的、从过去承继下来的条件下创造。”① 物质前提基础不是作为“精神的精神”消融在“自我意识”之中，它向每个人呈现的是面对一种不可回避的发展根据和起点，舍此，人的超越就会变成不着边际的幻想。

二 实践性

实践性，首先离不开对实践的准确理解。从词义上说，“实践”中的“实”是指实际、现实的意思，“践”（practice）也有行动、履行、执行（performance）、做某事（the doing of something）的意思。在西方哲学中，“实践”一词源于古希腊文，其基本意义是指“行动”、“行为”及其后果，它是一个同“逻各斯”（logos）以及“识见”相对立的概念。在中国传统哲学中，“行”这个词相当于我们所说的实践，但中国哲学史所讲的“行”主要是指个人的道德行为和修养，和马克思主义哲学所讲的实践在内涵上是有区别的。马克思主义的实践观是指人的有目的地改造和探索现实世界的一切社会性的客观物质活动。②

人的主体性精神并非仅仅是精神上的超越，精神上的超越最终要回归到人的现实世界中来实现对生存和发展客观束缚的超越。马克思说：“真理的彼岸世界消逝以后，历史的任务就是确立此岸世界的真理。”③ 这就是说，唯有现实的超越才是真实的超越。费尔巴哈在其《未来哲学原理》“引言”中曾指出：“未来哲学应有的任务，就是将哲学从‘僵死的精神’境界重新引导到有血有肉的，活生生的精神境界，使它从美满的神圣的虚幻的精神乐园下降到多灾多

① 《马克思恩格斯文集》第2卷，人民出版社2009年版，第470—471页。
② 孙云等：《新编哲学大辞典》，哈尔滨出版社1991年版，第627页。
③ 《马克思恩格斯文集》第1卷，人民出版社2009年版，第4页。

难的现实人间。”[①] 从“精神乐园”回到“现实人间”，是实践唯物主义的根本诉求。而使人回归现实超越的根本途径是实践活动，这是因为实践具有感性、现实化的优点。马克思说旧唯物主义的“主要缺点是：对对象、现实、感性，只是从客体的或者直观的形式去理解，而不是把它们当做感性的人的活动，当作实践去理解，不是从主体方面去理解”[②]。所谓感性的，是指“为感觉所感知的”“诉诸感觉的”意思。实践活动是“可感知”“可观察的活动”，是实在的、现实的活动，是事实上存在的、并非想象和假设的活动。这是实践与纯粹主观意识的不同之处，实践活动的方向是指向外部，它是由精神变物质、由主观到客观的过程，主观意识方向则指向内部，它是一个由物质变精神、由客观到主观的过程。客观的束缚作为一种客观的存在，要超越这种对人的否定的存在，在自我的思维领域是无法达到的，只有通过一个中介或依赖性的东西，思维的超越才能转化为现实的客观的超越，这个中介就是实践活动，否则只是精神思想上的超越。实践活动就是把人的目的性要求直接现实化，把人的头脑当中的世界的客观图画直接现实化的过程。这个过程，它消灭了世界本身的现实性，从而实现了在否定性的关系中人同世界的统一。马克思说过去的哲学：“未能通过实践来干预事物的进程，而至多只是不得不满足于抽象形式的实践。”[③]“抽象形式的实践”并不是人的现实超越，唯有感性的实践活动才能将自在之物改造成为我之物，把人的“非现实性”即“目的性要求”转化为人的“直接现实性”，而把世界的“现实性”即“自在的世界”变成“属人的世界”。这是实践活动所构成的“人与世界”的矛盾，也就是人对外界束缚的否定性统一，即把超越意识

① ［德］费尔巴哈：《费尔巴哈哲学著作选集》上卷，荣振华、李金山等译，商务印书馆1984年版，第120页。

② 《马克思恩格斯文集》第1卷，人民出版社2009年版，第499页。

③ 同上书，第264—265页。

变成现实超越的实现过程①。

人的精神的超越和实践的现实超越是统一的，是一个问题的两个方面。实践的超越和精神的超越既是相互区别和对立的，同时又应是相互联系和统一的。实践超越总是在一定的精神超越的指导下进行的，总是有意识、有目的地进行的。精神超越和实践超越的关系，犹如统帅和士兵的关系。没有统帅的士兵不能打胜仗，活动是盲目的，而盲目的实践超越是不能取得成功的。正确的精神超越指导实践超越，服务于实践超越。另外，精神超越又依赖于实践超越，离开了实践超越，人的精神超越就成了无源之水、无本之木。精神超越的正确与否，必须由实践超越来检验，只有在实践超越中才能证明观念的正确性与价值性。实践超越的发展不断地为精神的超越提出新的课题和材料、信息。精神超越与实践超越的统一，不断地拓展着人的生存和发展空间。

三 激情性

人的超越既体现在思想上也体现在现实上，没有人的激情推动，人安于现状的惰性就会占据人的空间，使人无法超越。革命导师列宁在《组织竞赛》中对政党还不善于做好群众的发动工作，指出："如果我们能以全部的革命热忱——没有这种革命热忱，便不会有胜利的革命。"② 主体性精神是人在面临生存和发展的限制或束缚之下，人由现状要实现自我的超越，这整个过程就是一个充满着超越激情的过程，就像有革命的客观条件而没有革命的激情，革命的火焰也会很快熄灭一样。黑格尔断言："没有激情，任何一个伟大的事业都不曾完成，也不能完成。"③ 黑格尔认为没有激情，就没有任何伟大的东西，

① 孙正聿：《人的精神家园》，江苏人民出版社 2014 年版，第 54 页。
② 《列宁选集》第 3 卷，人民出版社 2012 年版，第 495 页。
③ ［德］黑格尔：《精神哲学》，杨祖陶译，人民出版社 2006 年版，第 375 页。

同样，布洛赫认为，“如果没有情感的洞见，也不能获得关于自我的任何伟大的东西”①。萨特也认为：“所有人的实在都是一种激情。”②主体性精神自我超越包含着激情的特性，使人更加专注于自我超越的目标，责任感、使命感更为明确，面对困难充满斗志和勇气。

激情（passion），来自古希腊语 pathos，是情感、激情之意，根源于 paschein，即遭受、受影响之意，指发生了什么事情，要承受某种事物或被某种事物所影响。pathos 是作为一种对来自外界事物刺激被动而不是主动地反应。通常来说，情感意义更为广泛，包含激情，激情更多地指向具有强烈的情感。人在激情的推动下常常能够调动自身的强大潜力，但激情不是我们通常理解的随意而发，无病呻吟，它的产生常常伴随着人的受动、受限制的一种反抗和超越之情。马克思在《暴风雨之歌》诗中表达出这层意思：“我在打破所有的锁链，我要向万里长空飞翔，我燃烧着烈焰般激情，要把全世界紧紧拥抱。”③同样，他在《精灵——致燕妮》中也写道：“有那么一种人，生命就是希望，进取向上，激情豪放，这一切促使他鹏程万里，前途无量。而那种人与我们永远背离，地狱不能把他吞噬，这正是他的实际本领的胜利。”④ 人在受动中才能激发出强烈地追求自己对象的本质力量。激情带给人火热的力量，推动人战胜困难，实现人的超越。因此，马克思的激情观是与人的追求目的相联系的。他说：“在社会历史领域内进行活动的，是具有意识的、经过思虑或凭激情行动的、追求某种目的的人。”⑤ 而目的又是与利益直接相关的。马克思说：“群众对目的究竟‘关注’到什么程度，群众对这些目的究竟怀有多大‘热

① 夏凡：《乌托邦困境中的希望——布洛赫早中期哲学的文本学解读》，中央编译出版社 2008 年版，第 201 页。

② ［法］萨特：《存在与虚无》，陈宣良等译，生活 · 读书 · 新知三联书店 2015 年版，第 744 页。

③ 《马克思恩格斯全集》第 40 卷，人民出版社 1982 年版，第 778 页。

④ 《马克思诗歌全集》，陈玢、陈玉刚译，辽宁大学出版社 1996 年版，第 77—78 页。

⑤ 《马克思恩格斯文集》第 4 卷，人民出版社 2009 年版，第 302 页。

情’。‘思想’一旦离开‘利益’，就一定会使自己出丑。”[①] 因此，主体性精神的激情是现实的目的、现实利益的热情，是围绕着人生存和发展困境的超越热情，而不是仅仅停留于自我观念上的热情。当然，马克思主义不是无限夸大激情的作用，而是强调要尊重客观实际规律与主观激情相结合。正如毛泽东所说：“无产阶级思想是革命热情与实际精神相结合。”[②]

人之所以需要激情，这是因为激情推动着人的超越活动。马克思认为：“人作为自然的、肉体的、感性的、客观的存在，乃是一受动的、被制约的、被限制的存在。”[③] 正是人的这种受限制的存在特性，使得激情产生成为必要。马克思说：“人作为一个客观的感性的存在，因此，就是一个有感情的（或感受痛苦的）存在，并且因为他的感受痛苦的本质，他乃是一个有情欲的存在。情欲、激情是人的指向着自己的对象努力追求的性能。”[④] 在马克思那里，人的这种受限制使得人要通过激情的追求对象来摆脱痛苦。激情也就成为人的精神和实践活动中超越的本质力量。正是在这个意义上说，马克思认为：“激情、热情是人强烈追求自己的对象的本质力量。”[⑤] 受动性才产生激情，强烈地追求对象目标，是一种人的本质的力量。人的活动不是纯粹理性和行为的活动，而是要靠激情来推动生命实践的展开。人的本质力量是强烈地追求自己的对象的力量，即激情的力量。人面对生存和发展的限制，用激情追求对现实束缚的超越，不断确证人的本质力量。

人的认识并不一定导致行为。从认识到行为发生，需要有一个中介的意向系统，激情就是属于这种意向系统。为什么激情能够推动人

① 《马克思恩格斯文集》第 1 卷，人民出版社 2009 年版，第 286 页。

② 《毛泽东文集》第 3 卷，人民出版社 1996 年版，第 93 页。

③ ［德］马克思：《黑格尔辩证法和哲学一般的批判》，人民出版社 1955 年版，第 19 页。

④ 同上书，第 21 页。

⑤ 《马克思恩格斯文集》第 1 卷，人民出版社 2009 年版，第 211 页。

去进行超越性活动，现代心理学、生理学派的解释是：情绪是一种能量，它与脑生理机制及整个生命有机体的反应相关。在通常情况下，这种能量表现为潜在的平和状态，而一旦遭受来自外部的刺激即外化为某种情绪。进而，情绪根据主体的需要，构成认知或行为的先导，正是通过这种“平和—骚乱—平衡”的过程来释放人体的能量。情感放大理论认为，要激化人去采取行动，就要使内驱力的信号得以放大，而起放大作用的媒介就是情感，它比内驱力具有更大的驱动性，甚至完全可以离开内驱力的信号去推动人采取行动。认知评估理论认为，人的高级情感形式是通过思维活动，以评估为中介的。因此不仅下丘脑、边缘系统、网状结构激活情绪，而且大脑皮层进行分析、综合、暗示对事物的“认识—理解”，提供“体验—动机”状态，控制和调节神经中枢的活动，从而引导行为的走向。[①] 激情作为某种情感的冲动感传达给人，从中人强烈地觉察到某种渴望或厌恶。正如布洛赫所说：“这些冲动不仅作为直接的情绪，而且作为活动的冲动感乃是情绪活动或情感。如果一个人凝神专注于独一无二的情绪之中，那么这种情绪就变成热情。”[②] 这股热情流经我们的身体，使我们的活动充满了活力。

总之，人面对着受动、受限制的情况，人所激发出来超越的情绪，这种热烈的激情，推动着人从事着认识和实践活动。人的主体性精神要实现从意识的超越到现实的超越，常常需要人付出巨大的努力，没有激情，是无法完成的，因而，人的超越常常体现出激情性的特点。

四 反身性

中文“反”即是归，“反身而诚”即是反观而达人道、天道。

---

① 鲁洁、王逢贤：《德育新论》，江苏教育出版社 2000 年版，第 59—60 页。

② ［德］恩斯特·布洛赫：《希望的原理》，梦海译，上海译文出版社 2012 年版，第 61 页。

"反身性"一词译自英文"Reflexivity"，也有译为"反射性"的，它是一个涵盖反思（reflection）的结构性活动。马克思指出："动物和自己的生命活动是直接同一的。动物不把自己同自己的生命活动区别开来。它就是自己的生命活动。人则使自己的生命活动本身变成自己意志的和自己意识的对象。"① 这是说，人的意识与动物不同，具有反向自身的特性，能够把生命活动本身当作意识的对象。马克思说，凭借有意识的感性对象性活动（对象化及其对象的扬弃），"人不仅像在意识中那样在精神上使自己二重化，而且能动地、现实地使自己二重化，从而在他所创造的世界中直观自身"②。正是这种反身的特性，使得人可以在实践活动当中反身直观，通过这种直观建构自身，实现认识和实践的统一，改造世界与改造自身的统一，体现着"物质可以变成精神，精神可以变成物质"的统一。人的反身性使得人的不断自我超越成为可能。因此，人的自我超越要依赖于反身性的特性，这体现在"人的主体意识层次的提升，主要依赖于客观的实践活动，通过实践活动既确证主体的力量，即主体能够认识和改变世界，使世界按照人的愿望不断发展，又在改变客观世界的过程中，达到改变自我的目的，使自我沿着精神发展的自由向度不断地攀升"③。

人的超越活动，它表现了人同世界的一种特殊的关系，这就是人与世界之间的否定性的统一关系。在这种否定性的统一关系中，它造成了世界本身的二重化，也造成了人自身的二重性，以及作为人的发展进程的历史的二象性。人在自己的超越活动中把世界"二重化"了：一方面，世界永远是自然的世界、自在的世界；另一方面，世界又变成了马克思所说的"人化了的自然"、"属人的世界"。"世界"在人的活动中，被"二重化"了。同样，人在自己的超越活动中，

① 《马克思恩格斯文集》第1卷，人民出版社2009年版，第162页。

② 同上书，第163页。

③ 王坤庆：《精神与教育：一种教育哲学视角的当代教育反思与建构》，华中师范大学出版社2009年版，第214页。

人自己也被二重化了：一方面，人永远是自然的、自在的存在；另一方面，人又是超自然的、自为的存在。“人”在自己的超越活动中具有了“自然”与“超自然”、“自在”与“自为”的二重性。“人”在自己的超越活动中，既是按照自己的目的进行活动，创造自己的历史，同时人创造历史的活动又构成历史的发展规律，这即为历史的“二象性”。世界的“二重化”、人的“二重性”、历史的“二象性”是在人的“目的性”和“对象性”的超越活动中形成的。

总之，人通过实践不断扬弃对象和自身的限定性，在超越自在世界限定的同时，也不断建构着人类世界与人的本质。因而，人的发展不是限于被动地适应社会的要求和历史的必然，而是在现实的基础上能动地超越自在世界的规定性，全面而又深刻地推动人的意义世界的不断生成、不断发展。主体性精神是由于外界事物的运动变化中不断地产生对人生存和发展的矛盾，人为达到消解矛盾获得自我生存和发展的理想目的，通过积极实践，在改造世界的同时改造自身，所应当具有和表现出来的积极的本质力量，它贯穿着人的发展历程，推动着人的自我完善，不断实现人的意义世界的获得和自由而全面发展。

第二节　主体性精神的要素及其层次结构关系

人的主体性精神不断地推动着人的自我超越，突破现实的客观束缚或限制，实现着由精神超越到现实超越的过程，这就是人自身实现着解放与发展提升的过程。因此，主体性精神的要素就是自我超越的整个过程当中体现出来，凝成在自我超越过程中的成分作为其要素。

一　自由

自由“原初含义是‘从束缚中解放出来’。在这里，自由与解放（Liberation）同义。解放是摆脱奴役、限制争取自由的意思，自由是解放的结果。”[1] 可见，自由的基本含义是不受限制或束缚，意味着没有外在障碍而能够按照自己的意志进行的行为。限制的对立面就是“非限制”，即是自由。自由与限制是矛盾的，离开了其中之一，另一个也就无法清楚地理解。所以我们理解的自由应当在自由与限制的矛盾转化当中来理解。马克思认为人作为自然存在物是能动的自然存在物，同时，人作为对象性的存在物，也是受动的、受制约的和受限制的存在物。[2] 这意味着，人受限制是他存在的基本状态，人要超越限制也就成为人的基本价值追求——自由与解放。马克思说：“任何解放都是使人的世界即各种关系回归于人自身。”[3] 由此，我们也可以说人追求自由实质就是通过对人的否定的束缚或限制的超越重新回归于对人的肯定的关系中来，即把“人是人最高的本质”回归人自身，超越“被侮辱、被奴役、被遗弃和被蔑视的东西的一切关系”。主体性精神要实现超越也就是追求自由打破束缚，如果没有对此追求，人类就会失去理想的动力。因此，自由也就成为主体性精神的基本要素之一。

一个人凭自己的主观愿望，想干什么就干什么，想怎样干就怎样干，他所具有的自由只是在极其有限范围内的自由，是在较狭窄层次上的自由。真正的自由不在于在幻想中摆脱客观限制和社会约束而独立，而是在于认识客观限制及其运行规律、正视社会的合理要求和必要的约束，从而按照客观规律、社会要求和具体条件实现自己对客观限制的超越。恩格斯说：“自由不在于幻想中摆脱自然规律而独立，而在于认识这些规律，从而能够有计划地使自然规律为一定的目的服务。”[4] 主体性精神的自由就是根据对这种客观限制的认识来开展自己的超越活动，否则，人们的行动就处于盲目性，处于被客观规律和要求支配的地位。在这里，恩格斯并非要表达人是在客观性的统治之

① 谭培文：《社会主义自由的张力与限制》，《中国社会科学》2014 年第 6 期。
② 《马克思恩格斯文集》第 1 卷，人民出版社 2009 年版，第 209 页。
③ 同上书，第 46 页。
④ 《马克思恩格斯文集》第 9 卷，人民出版社 2009 年版，第 120 页。

中，而是说人的活动要合目的与合规律地统一，最终认识规律是为人的“目的服务”。马克思主义的自由是根据对必然性的认识来支配自己和外部世界。自由是对必然性的认识，这是旧哲学的命题，黑格尔也承认这一点。马克思主义的不同在于其认为，真正的自由是以对必然性认识为基础去支配我们自己和外部世界。正是在这个意义上说，我们就可以理解马克思所说：“人不是由于有逃避某种事物的消极力量，而是由于有表现本身的真正个性的积极力量才得到自由。”[①] 自由是建立在对自然规律的认知和把握的基础之上，自由与限制相辅相成，而且正是有了限制的自由，自由才是真实的和必要的，而不是天赋的，是要通过积极力量才能得到的自由与解放。马克思说：“自由的有意识的活动恰恰就是人的类特性。生活本身仅仅表现为生活的手段。”[②] 在马克思的思想之中自由的有意识的活动是人的本质性质，生活只不过是追求自由的手段。人的自由的类特性并不是先天、自在存在的，而是在人的活动中创造出来的。

自由正是因为是人摆脱奴役、羁绊与制约，解放自己思想和行为的结果。在马克思唯物主义自由观中，自由不是一个形而上学的概念，而是一个历史的概念，是历史发生变化的，是在人的历史活动中不断生成和发展着的历史进程，是人的生存实践发展状态，伴随人类不断超越在广度和深度上的拓展，人的自由度也在发生着变化。马克思主义不把任何一种现实的自由看作自由的绝对的、最终的形式，也不把任何一种理想的自由看作绝对的、最终的目标，而是把自由的实现看作现实向未来不断发展的、连续又有飞跃的前进过程。恩格斯说：“文化上的每一个进步，都是迈向自由的一步。”[③] 人类历史的实质就是一部不断追求自由，扩大自由的历史，而每个人的自由也就是

① 《马克思恩格斯全集》第2卷，人民出版社1957年版，第167页。
② 《马克思恩格斯文集》第1卷，人民出版社2009年版，第162页。
③ 《马克思恩格斯文集》第9卷，人民出版社2009年版，第120页。

个人扩大自由的历史。自由作为个人的本质力量的自我体现，作为人的永恒的生命冲动，对于人来说绝不是一种可以坐享其成的东西，而是一种需加努力方可获取的东西。人的自由不是霍布斯、洛克、伏尔泰等人所言的“天赋权利”，也不是人自然而然所拥有的动物性本能，而是人自我超越的结果。从这个意义上说，人的自由是自赋的，换言之，人只有在实践活动中充分发挥其超越性，才可能成为自由的主体。这一过程既是人自身的超越过程，也是人自由的实现过程。因此，人克服束缚或限制的每一步，就是迈向自由的每一步。人类发展的历史是一个不断从必然王国进入自由王国的飞跃过程。[①] 自由是相对的，即自由是在实现超越的过程中，由相对自由走向绝对自由。

对于人所具有的精神自由的特性，马克思指出：“人却懂得按照任何一个种的尺度来进行生产，并且懂得处处都把固有的尺度运用于对象。”[②] 这就是说，人的意识存在着自由，可以“按照任何一个种的尺度来进行生产”，“处处都把内在的尺度运用于对象”，但是马克思并不满足于意识上的自由——随心所欲的“任性”，而是承认客观对人的限制，在进一步认识客观事物的必然性的基础上积极实践，取得实质的自由。在马克思看来，社会实践是人们克服外在的必然限制或束缚，实现人的意志自由，使人获得生存和发展的根本途径。也就是说，实践是由必然向现实获得性自由转换的最重要的桥梁和中介。马克思说：“主体的对象化，也就是实在的自由——而这种自由见之于活动恰恰就是劳动——，这些也是亚当·斯密料想不到的。”[③] “人不仅通过思维，而且以全部感觉在对象世界中肯定自己。”[④] 对象性地实践是人的存在方式，人的自由说到底就是人实践的自由，通过对象性活动达到对限定自我的否定，使对象重新回到对人的肯定之中。

① 《马克思恩格斯文集》第9卷，人民出版社2009年版，第300页。
② 《马克思恩格斯文集》第1卷，人民出版社2009年版，第163页。
③ 《马克思恩格斯文集》第8卷，人民出版社2009年版，第174页。
④ 《马克思恩格斯文集》第1卷，人民出版社2009年版，第191页。

离开了实践讲自由，这样的自由是虚幻的，没有体现出回归现实满足人需求的实际意义。只有在实践这种主客体双向运动的过程中，作为主体的人实际地发展着的成为“自己的社会结合的主人，从而也就成为自然界的主人，成为自身的主人——自由的人”①。

我们看待自由需要有新的视角。谭培文认为：“自由不能只是一种形式自由的变换，更不能用形式自由掩盖或替代实质自由。实质自由是具有决定意义的自由。”② 他很好地区分了两种自由的关系，为我们认识形式自由与实质自由的统一提供了理论的视角和分析自由的工具。毛泽东说：“‘自由是必然的认识和世界的改造’——这是马克思主义的命题。”③ 这就是说，必然的认识并不是真正的自由，即还只是一个形式上的自由，这个形式自由运用到改造世界才会使人获得现实的自由，即实质自由。自我由形式的超越到实质的超越也就是由人的形式的自由到实质的自由过程。萨特所说的选择自由其实质也是一种形式上的自由。他说：“我命定是自由的，这意味着，除了自由本身以外，人们不可能在我的自由中找到别的限制。”④ 这种天赋自由，只能是思想观念上的自由。这一点连萨特本人也不能否认，他说：“我们已经讨论过，无疑，我的选择的自由，不能同我获得的自由混为一谈。”⑤ 因此，形式自由包括两种类型，即抽象的形式自由和具体的形式自由。前一种形式自由不带有事物必然性的认识，是人类对限制生存和发展的超越的虚幻意识，代表着人类意识的无限性的空间，它并非毫无意义。后一种形式自由包含着事物必然性的认识，这种有限定的认识经过实践活动转化为现实的实质自由，代表着人类所要追求的最终目的。诚然人有任性和偏见地选择自由，但人是有目的、有利益的实现着现

① 《马克思恩格斯文集》第 3 卷，人民出版社 2009 年版，第 566 页。

② 谭培文：《社会主义自由的张力与限制》，《中国社会科学》2014 年第 6 期。

③ 《毛泽东文集》第 2 卷，人民出版社 1993 年版，第 344 页。

④ ［法］萨特：《存在与虚无》，陈宣良等译，生活·读书·新知三联书店 2015 年版，第 535 页。

⑤ 同上书，第 613 页。

实自由的人，人的价值追求根本地在于获得实质上的自由。黑格尔对此说得好："任性和偏见就是自己个人主观的意见和意向——是一种自由，但这种自由还停留在奴隶的处境之内。"① 布洛赫也说："条件分析的研究也表现出对未来的展望，但是，这种展望是某种受限制的、作为限定的可能性的展望。没有这种冷静而客观的分析，也许会突然冒出雅各宾派或异想天开的、抽象的乌托邦的空想者。"② 这就是说，人不是为追求着空想的自由的人。阿马蒂亚·森认识到了这一点，提出"以自由看待发展"的观点，他说："发展看做是扩大人们享受的真实自由的一种过程。"③ "发展的过程就是扩展人类自由的过程。"④ 他深刻地认识到实质自由对人生存和发展的极端重要性。但是他的实质自由更多的是社会安排提供给人的权利和保障，使人获得"可行能力"的实质自由，进而推进人的自由和发展。如五种工具性自由：政治自由、经济自由、社会机会、透明性担保以及防护性保障。⑤ 阿马蒂亚·森对实质自由的认识比较精辟，而主体性精神的实质自由在于以自我为主体，通过实践活动，超越生存和发展的束缚或限制，实现由形式的超越到实质的超越，也可以说是形式的自由到实质的自由的过程和结果。在这里，自由不仅仅是某种主观心理的体验，更在于实质自由的获得，推动着人的生存和发展的进程。

二　自觉

自觉是自己感觉到、认识到、觉悟到的意思。马克思说："有意

① ［德］黑格尔：《精神现象学》（上卷），贺麟、王玖兴译，上海人民出版社2013年版，第190页。

② ［德］恩斯特·布洛赫：《希望的原理》，梦海译，上海译文出版社2012年版，第246页。

③ ［印］阿马蒂亚·森：《以自由看待发展》，任赜、于真译，中国人民大学出版社2013年版，第30页。

④ 同上。

⑤ 同上书，第31页。

识的生命活动把人同动物的生命活动直接区别开来。”① 有意识的生命活动就包含着人的自觉，人正是有了人的自觉意识才与动物逐渐揖别开来。马克思把自觉当作人所具有的类特性，他说：“人的类特性恰恰就是自由的自觉的活动。”② 有些哲学家常常把自觉与盲目地自发意识相对立，认为自觉是认识到了客观规律，并按客观规律办事纯粹的自觉。然而，我们须要明晰的是自觉也应有高低层次的。主体性精神的要素自觉是与人的限制或束缚相对而言的，如果一开始人就自觉到限制的时候，就同时认识到了规律并自觉地按照规律实践，这在现实中是很难达到的，但不能因此就说人没有自觉，舍此就会演变成某几个圣人先知先觉，而社会中的绝大多数人没有自觉，这是难以令人接受的。规律的把握对人而言一开始就是比较难的，它是在人的多次反复实践中才能形成的认识，比如说，对某些不成功的发展方式的人我们不能说他们完全是盲目自发的，对某些已取得成就的发展方式的人我们也不能说他们完全把握了发展的规律，只能说其对推进事物发展的规律有一定的认识，但不能由此就否定其对发展具有自觉之意。因此，主体性精神中的自觉要素更多在于意识觉醒之义，具有较认识规律这一层次更为宽泛的外延，即人在实践中不断地由低层自觉迈向高层自觉的过程，其中也包括感性意识成分。自觉是对盲目意识的否定，“是普照于人自身的精神世界之光”③，逐步摆脱盲目的自觉，乃是主体性精神必须强调的重要构成要素。人的主体性精神的自我超越，没有人的自觉要素的存在，也就无法谈得上超越的存在。它是人实现自我超越的意识性根源。

自我超越的自觉首要的是对生存和发展受到限制或束缚的问题的自觉。作为一种受动的存在物，面对着强大的客体性重压，人要自

① 《马克思恩格斯文集》第1卷，人民出版社2009年版，第162页。
② 《马克思恩格斯全集》第42卷，人民出版社1979年版，第96页。
③ 李为善等：《主体性和哲学基本问题》，中央文献出版社2002年版，第234页。

觉，首要的就是敏感地把握住问题的存在。黑格尔说："当一个人只消意识到或感觉到他的限制或缺陷，同时他便已经超出他的限制或缺陷了。"① 自然事物受到限制而不知其限制，人则自知其限制。当他自觉到限制时就开始超出了限制，也就是要冲破已有的束缚和局限性，向前进取了。人只有自觉到限制和束缚，他才走在了超越限制的征途上了。限制和束缚就是问题的所在，人的自我超越不能感受到限制或束缚问题的所在，超越对他而言就是一个抽象的存在，所谓的超越也就无从谈起。毛泽东说："任何知识的来源，在于人的肉体感官对客观外界的感觉，否认了这个感觉，否认了直接经验，否认亲自参加变革现实的实践，他就不是唯物论者。"② 毛泽东的直接经验是包括了反映客观事物的他者的间接经验，但无论是他者还是自身都需要有直接参与实践活动的经验才能获得可靠的认识。同样，作为个体的人，他面对的束缚或限制问题的明晰，不论来自自身悟到还是他者的指引都必须是他终究能够感受到的客观存在作为超越的首要。限制或束缚是超越之母，人们之所以会追求自我超越，就是因为人们感觉到某种不舒适的限制或束缚，但是如果人感觉不到这种限制或束缚问题的存在，那么人也就不会由此而产生渴求超越的意识和行为。黑格尔《精神现象学》认为"存在"是"先于一切规定的无规定，作为绝对出发点的不被规定的东西"③。那么，我们同样可以说超越就是要自觉到问题的存在作为起点。马克思说个人的全面发展是对"限制的不断扬弃，这种限制被意识到是限制，而不是被当做神圣的界限"④。所以，主体性精神的自我超越首先要意识到某种限制或束缚的存在，即自觉出问题之所在。

---

① ［德］黑格尔：《小逻辑》，贺麟译，商务印书馆2009年版，第148页。

② 《毛泽东选集》第1卷，人民出版社1991年版，第288页。

③ ［法］萨特：《存在与虚无》，陈宣良等译，生活·读书·新知三联书店2015年版，第40页。

④ 《马克思恩格斯文集》第8卷，人民出版社2009年版，第172页。

其次，要自觉到超越的激情的存在。当我们自觉到问题的时候，我们必然会产生出一种心理的紧张，由于我们还没来得及对问题实践的展开，无法获得对问题的知性，但是我们内在的紧张心理必然会产生超越这个束缚的强烈渴望的外向冲动。由此，问题衍生出激情，重大的问题往往衍生出强大的激情，没有问题也就无所谓激情了。马斯洛认为精神生命（存在价值、存在事实、超越性需要等）是可以通过自我感觉到的，"它有'冲动的声音'或'内在的信息'，尽管它不如基本需要强烈，但起码可以'听到'，从而可以算作我所描述的'主体性生物学'的规则之一"①。自觉一个重要方面就是每个人善于向内倾听自我超越的激情的声音，又要感受来自外界的压力。两者是相辅相成的，统一和谐的。忽视了自我的激情声音就会造成人的异化，忽视了客观要求人就会走向抽象的自我，成为远离现实性的人。因此，只有把现实要求和内在的激情很好地结合，才能够合目的、合规律地走向人的超越。

再次，在一定层次上，认知现实超越的可能。现实的世界是符合因果规律的世界。而我们的超越活动正是在某些规律里认识不清。而规律的得来绝不是一开始就认识到的规律，否则我们人的超越活动只要按图索骥就可以了。毛泽东说："实践和认识之每一循环的内容，都比较地进到了高一级的程度。"② 这就是说，我们认识规律是逐渐深化的，而不是一开始就非常清晰，盲点的存在正是我们要超越的方向。马克思说："人们自己创造自己的历史，但是他们并不是随心所欲地创造，并不是在他们自己选定的条件下创造，而是在直接碰到的、既定的、从过去承继下来的条件下创造。"③ 同样，人只能在直接碰到的、既定的、已有认识基础上地超越。所以，我们的超越活动

① ［美］马斯洛：《马斯洛谈自我超越》，石磊译，天津社会科学院出版社 2014 年版，第 41 页。

② 《毛泽东选集》第 1 卷，人民出版社 1991 年版，第 296—297 页。

③ 《马克思恩格斯文集》第 2 卷，人民出版社 2009 年版，第 470—471 页。

只能在现有认识和条件基础上推进的现实可能性的超越。

最后，自觉是要有生存和发展的目的。当我们自觉出问题、超越的激情的存在，如果我们不能在意识上给予超越目的的设定，我们就无法重新去肯定自我。虽然超越的目的暂时还是一个没有经过严格现实检验和反思的目的，即外在的限制也就必然会造成一个自我本质力量外向超越的目的设定。马克思认为："人们总是通过每一个人追求他自己的、自觉预期的目的来创造他们的历史。"[①] 马克思把自觉与目的放到一起，足以看到它们之间的关联。动物不自觉其自然存在，不是把自我作为目的而存在；人则是自觉自我的自然存在，也就会寻找自我的生存目的。人有目的的行动总是离不开自觉的，否则实践行动只会成为徒劳无功的盲目活动。当人察觉到了事物对自身的束缚或限制，就会意识到要摆脱客观规律对自我束缚的超越意识，希望实现人的超越。这是人在观念上给自己设定的一个超越目的。理论上有两种形式的主观超越目的，即任性超越和现实可能性超越目的。有任性超越的人只从自己主观愿望出发去思考而不顾现实条件允许的可能性，不懂得客观的东西是他获得自由的现实基础，缺乏现实的合理性和必然性的目的。现实可能性超越目的是主体能够认识到实现的客观现实条件基础的存在，包含了一定经验和理性判断成分的目的。人要将现实可能性超越目的变为现实必须去面对接下来的"坚硬"的"铁"的事实必然性。这时现实可能性超越目的就会生发出实现超越的主观路径，推动人去践行。

总之，自觉的意义就在于它使人成为意识的主体，又成为活动的主体，从而使人按照需要和已掌握的规律有目的地行动，确立人在外部世界中的主体地位。因此，人作为主体为了达到自主地掌握对象的目的，就必须发挥自觉的能动性。在一定领域达到目的就意味着在这个领域实现了超越。通常自觉有两种来源：一种是强调纯粹自觉；另

---

① 《马克思恩格斯文集》第 4 卷，人民出版社 2009 年版，第 302 页。

一种是学习和交往后的自觉。正如通过马克思主义理论教育，工人阶级才能意识到自己肩负的历史使命，才能形成阶级意识的自觉就是后一种自觉。但无论哪一种自觉都须要认清自己现实存在的问题（与社会要求的差距、他人水平的差距、自身存在的不足等），形成主体的行动激情，具有自我超越的目的。

三　自主

自主即自己做主之意。马克思说："任何一个存在物只有当它用自己的双脚站立的时候，才认为自己是独立的，而且只有当它依靠自己而存在的时候，它才是用自己的双脚站立的。靠别人恩典为生的人，把自己看成一个从属的存在物。"① 自主的人能够主导着自己人生和自我的超越。因此，自主的人把自己当作目的而不是手段。人一旦自主，便自然地显示出个人的潜力、意志，表现出独特的能力和品质。如果人不是自主的，那么就会如马克思所描述的劳动异化一样，不是在自我创造的活动中直观自身确证自我的存在，而是一个丧失类本质的人，"他在自己的劳动中不是肯定自己，而是否定自己，不是感到幸福，而是感到不幸，不是自由地发挥自己的体力和智力，而是使自己的肉体受折磨、精神遭摧残"②。

自主，是人向世界发出的独立宣言。既然自主是人生命的典型特征，那么人的生命所拥有的权利与责任，首先就表现为人自主的权利和责任。人对自己的权利，简单地说是指人自主地支配自己的行为，把握自己的命运，人的生存和发展由人自己来决定的权利。人对自己的责任，则表现为人尽心为自己的存在和发展努力，并承担起自主的一切后果。自主是人的权利，因为只有自主的人才能自由地追求自己的幸福；自主是人的责任，因为个人只有对自己生存与发展负责才能

---

① 《马克思恩格斯文集》第 1 卷，人民出版社 2009 年版，第 195 页。

② 同上书，第 159 页。

不使自己成为他人或社会的负担，而且凭自己的创造力推动社会发展，增进他人幸福。做自主的人，应成为每个人对自己的自觉要求。自主的权利与责任，意味着个体要独立面对生存和发展的压力和问题去超越，而不是自我逃避。弗洛姆就说过个体化的过程容易产生逃避自由的心理。新的观念要求人们意识到自主是每个人自己的权利和责任。面对变化越来越快地社会发展节奏，人们不得不通过自主把握自己。而众创时代来临对于人的独立自主的催化和超越性的呼唤，也必将使个人的生命迸发出更耀眼的光芒，给社会注入更大的活力。实际上，每个人在人生道路上有许许多多的岔路口，正是这些岔路显示着人生超越存在的多种可能，同时也正是人的果敢抉择铸就了每个人唯一的、特殊的超越人生。自主既意味着人生的一种姿态，也意味着人生的一种实效。充分的自主乃是姿态与实效的结合，这种结合无疑是人生的无上境界。但即使实效不能充分获得，拥有自主的人生姿态依然具有重大意义，因为没有这种姿态，就根本谈不上相应的实效。

自主突出的表现就是选择性。萨特说：“选择的自主。不过应当指出，同一于‘作为’的选择设定了实现的开端以便区别于梦幻和愿望。”[①] 萨特把自由的核心看作为自主选择，虽有夸大之嫌，但是自主选择的重要性亦是不容置疑的。主体通过自主把握自己使自己向既定的目标方向发展。主体自觉的目的性决定着人自主活动的选择性，选择是主体自主的重要体现，选择什么，不选择什么，需要主体有个人的主见和独立的判断能力。在自主选择中，人可以根据自己的目的作出最优的选择，以此作为实际活动的依据，为理论认识到实践活动架起桥梁。自主选择与自我超越也是分不开的。这是因为自我超越面对选择的情况常常是复杂的、主体还有选择的风险存在，当机遇与挑战并存的自主选择最能体现出人的主体性精神，有些人发挥意识

① ［法］萨特：《存在与虚无》，陈宣良译，生活·读书·新知三联书店 2015 年版，第 587 页。

的能动使主体的内在目的性和客体的必然性完美统一成为现实的可能，而有些人则退缩回到心甘情愿地做依赖性选择，丧失了应有的主体性。典型的选择总是机遇与风险同在，利益与危害并存，这种选择充满了挑战性。温室里的盆景怎么可能长成参天大树。“发展”总意味着人向前所未有的领域迈进，离开熟悉的、给人安全感的地方，深入陌生的、未知的天地，在磕碰摔打中变得成熟、顽强，所以成长就有冒险的成分，因此，选择才要求人们正视可能的不良后果，并具备承受不良后果的能力。一旦个体选择了某个超越性目标，那么就意味着个体必然在某一定的环境下的超越。另外，特定的超越目标需要运用不同的知识和技能，从而也给个体的超越带来了定向。每一次为自我超越而作的自主选择就是一次趋向自我的超越。正如马斯洛认为的，生活是一系列的选择过程，人作出成长的选择而不是畏缩的选择，自我实现就是这样一个连续不断的奋进过程。

自主选择是在客观现实可能性空间下的选择。萨特说：“我们选择为‘伟大’和‘高贵’或‘低贱’和‘受辱’的人，这是取决于我们自己的。”① 萨特夸大了人的选择意向的作用，选择决定了人的所有。他忽视了选择是有限度的选择，是在一定的情境下的选择，同时，作为理性的人的选择也是有方向性的，选择要受到客观限制，另外，选择也不必然带来实质超越，成功的超越意味着除了选择之外还有许多中间的条件要满足。正如马克思认为人的自主选择是有局限性的，现实中的个人“是在一定的物质的、不受他们任意支配的界限、前提和条件下活动着的”②，“是在直接碰到的、既定的、从过去承继下来的条件下创造”③。对每个人而言，他们都只能在既定的客观的前提条件下从事历史活动。现有的生产力水平，人与人之间的社会关

---

① ［法］萨特：《存在与虚无》，陈宣良译，生活·读书·新知三联书店 2015 年版，第 573 页。

② 《马克思恩格斯文集》第 1 卷，人民出版社 2009 年版，第 524 页。

③ 《马克思恩格斯文集》第 2 卷，人民出版社 2009 年版，第 470—471 页。

系，直接支配人们思想和行为的传统、习惯、风俗等都不能自由地选择，而只能接受下来作为自己活动的起点。同时，个人的选择要受到自身自我超越的能力，以及自身的物质条件所允许的程度的限制，也就是在有限选择范围的前提之下作出当前实际情况下最优的或最满意的抉择。从这个意义上说，自主是与依附相对而言的，并不是绝对的、单子式的、完全脱离了限定性的自主。

四　自信

自信，在现代汉语的意思是“相信自己”，在心理学中是“自我意识的重要成分，个体由对自己能力、品格和力量等的肯定的评价而产生的信任自己的情感”①。对自己能力、品格和力量的肯定性评价是包含了对事物和自身关系的一定客观判断的把握程度，也就是说评价是有一定现实的依据的肯定，同时，自信也是在此基础上产生的一种情感。非此，则是盲目的自信，自信转变成为自负。自信与现实性相关，但却不是绝对客观主义者的专利，因为它还包含有主观判断和情感因素存在。如果完全是客观现实的东西，也就无所谓自信，只要强调客观真理的认知就可以了，自信的宝贵正是在于人面临既有一定客观现实依据，但是现实依据又不是很充分，要从已知走向未知的超越需要面对着巨大的不确定、风险、困难、挑战的境遇，没有主观的判断和情感的参与，人是难以实现超越的。现实中有些人在困难、挫折、压力之下，完全丧失超越的信心；而有的人却异常地清醒，不为乱局所困，对事物的前途和真相有强大的自信作支撑，最后事物的事实和发展正如他们所愿。这是因为绝对客观主义者往往机械夸大客观条件的决定作用，消极地看待现实条件中的不利因素，而真正的自信者是在对事物现实可能性的基础上，有自己的主张和追求，有自己的超越情怀，能够不受世俗舆论所左右，不随波逐流人云亦云，同时敢

① 林崇德等：《心理学大辞典》，上海教育出版社2003年版，第1779页。

于涉险，敢于负责，敢于走自己的路。所以，自信与认知是相关的，但不是绝对的认知关系，处于超越情境中的很多事情并不是确定的，事情的复杂变化令我们一时也难以看清一切迷雾中的真实，我们只有对事物的发展进行猜测性判断和保持乐观的情绪，如果太现实了，我们将缺少超越的维度，既不会提出有一定难度的超越性目的，也不会特别付出努力以超常规状态去实现目的。正如孙中山所说："吾心信其可行，则移山填海之难，终有成功之日；吾心信其不可行，则反掌折枝之易，无收效之期也。"①他的这句话虽然有些夸大自信之嫌，但却包含着深刻的道理。个体在自我超越的过程中，犹如"沿着陡峭山路攀登"，总会遇到很多难以想象的困难和障碍，这就需要人们对自己人生中要实现的目的有所确信，即"对自己的现实性和世界的非现实性的确信"，减少盲目性，否则人只有甘愿接受客观现实的限制或束缚而不能超越。

自信之所以是主体性精神的要素，这是因为它本身是一种现实的情感。自信与激情都是属于肯定自我的情感。只不过激情强调对自我肯定的强烈情感，指向超越情感的浓厚性，突出了我要超越的情怀，而自信强调带有现实依据的情感，指向的是超越的效能感，突出了我能超越。它们之间又是相互联系和转化的。自信会激发人的斗志以及克服困难的勇气，使人产生强烈的超越激情。满腔超越的激情作为动力又会促使人寻找超越的实现根据，从而形成有现实依据的自信情感。在现实当中一个有激情的人往往是自信的人，而自信的人往往也是有激情的人。离开了激情的自信是平庸的自信，自信不可持续，只会渐渐萎缩；同样，离开了自信的激情会成为盲目的激情。这是因为，激情之中包含有自信的成分，而自信之中亦包含有超越的激情。其实质，它们就是一个事物的两个不可分割的方面，共同统一于超越的情感之中。

---

① 孙中山：《建国方略》，张小莉、申学峰评注，华夏出版社2002年版，第2页。

自信作为主体性精神的要素推动着人的自我超越主要体现在以下几个方面：一是自信之所以在自我超越之中成为需要，是因为事物的现实可能性，往往是一个有着比较大弹性的可能范围，人在现实允许的范围内，可以尽量地发挥能动作用，某些看起来似乎不可能超越的事情，在发挥人的主观能动作用下又是完全成为可能的。一个自信的人常常会选择具有挑战性的任务目标来证明自己的能力，而且不会轻言放弃。一个自卑的人往往不敢直面有困难的艰巨任务，在机遇面前往往抓不住机遇实现超常规发展。二是我们超越的目标常常处在外界变动的环境之中，外界的变动常常带来不确定性的因素，这些不确定性因素往往有利与不利同时呈现。自信的人更关注于有利的方面，积极有为，化不利为有利，专注于问题的解决，实现超越。而不自信的人往往将更多的精力去思考外界变化所带来的风险，夸大风险因素的不可逾越性，不利的方面扩大了，致使超越失败。三是人作为受动者常常面对着客观限制或束缚的巨大压力，既会产生超越的激情，也可能产生焦虑、焦躁、紧张不安的情绪。自信这个时候往往能够将我们的负面情绪受到限制从而安定下来，聚焦于超越激情的希望方面，推动着超越活动的开展。四是人们的超越活动不是一直顺利，有可能出现失败的情况。如果出现如此情况，有些人就会彻底否定基本的判断，陷入深深的自卑之中，否定自我，无法自拔。正如心理学家马斯洛所说："一旦受到挫折，就会产生自卑、弱小以及无能的感觉。这些感觉又会使人丧失基本信心。"[①] 而重大的超越活动往往要经历多次的失败才能走向成功的目的，中途因为某次失败就放弃，是令人遗憾的。自信的人并不会因为某次失败就轻易放弃超越活动，反而会更加专注与投入，直至实现目的。例如居里夫人发现镭、爱迪生发明电灯等，都是如此。

---

① ［美］亚伯拉罕·马斯洛：《动机与人格》，许金声等译，中国人民大学出版社 2012 年版，第 29 页。

面对客观的限制或束缚，人的自我超越的自信离不开实践的培养。自信是一种有着现实性的激情，它的生成和发展意味着既要有现实性又要有感性、主观性的活动作为一个培养的途径，而这个途径就离不开实践活动，这是因为实践是从主体方面去理解的具有现实性和感性的特点。马克思认为的实践活动是“人不仅通过思维，而且以全部感觉在对象世界中肯定自己”①。这就意味着人的实践活动不完全是带着客观性的东西，与主观能动的感性也是分不开的。实践活动现实性的特点，在对象性活动中直观自身，人可以从正反两方面直观自信的激情推动的超越性的结果，然后在结果中确证和修改原有主观中盲目乐观的成分。因此，自信是在实践活动中发展的概念，不是一劳永逸的。正如毛泽东所说：“胜利的信念是打出来的，是斗争中间得出来的。”② 每个要实现自我超越的人，通过不断地实践走过自卑，又要从自负中走回来，达到一种自信的境界。

五 自为

“为”在现代汉语中的意思是做、干、变成、成为等意。因此，自为也就意蕴着主体自己通过做的功夫把思想观念转变成为现实的过程与结果。自为好比中国哲学家特别重视的知行关系的行。中国哲学家偏重于道德践行尽性，履行实践。比如，孔子说，“君子欲讷于言，而敏于行”（《论语·里仁》）；荀子提出，“知之不若行之，学至于行之而止矣”（《荀子·儒效》）；王夫之认为，“知必以行为功”，“行焉可以得知之效”（《尚书引义·说命中》）；等等。中国古代先哲强调把自己的思想身体力行，付诸行动，虽然他们通常指向道德践行方面，但是把道德理想现实化，实践出来，而且从自我修养做起，落实在自己的行为上，却是值得肯定的。

---

① 《马克思恩格斯文集》第1卷，人民出版社2009年版，第191页。

② 《毛泽东文集》第8卷，人民出版社1999年版，第426页。

自为一词在西方哲学中德国黑格尔最先使用，属于他绝对理念圆圈式发展的三个阶段自在、自为、自在自为中的一环。自在就是理念所处的潜在和尚未展开的阶段。自为是对自在存在的否定，是理念潜在性的展开、发展、外在化。自在自为绝对理念从自身潜在的对立面的分化中返回自身，达到统一。他把绝对理念的展开、外化，包含着行动。他说："既然自为的概念现在是自在而自为的规定的概念，理念就是实践的理念，即行动。"① 也就是说要通过自为的行动才能达到最后的统一。他说："把这两个端项亦即两个设想出来的终极目的联结起来的那个中项，则是现实行为的运动本身。"② 意思是通过自为的行动，才能将绝对理念的三个阶段统一起来。黑格尔认为，"真正地说，人的真正的存在是他的行为；在行为里，个体性是现实的"，"有什么样的行为就有什么样的个人"③。但是黑格尔的自为总体上说是他的精神生活的自为。他说："精神生活之所以异于自然生活，特别是异于禽兽的生活，即在其不停留在它的自在存在的阶段，而力求达到自为存在。"④

自为在现代哲学用语中比较突出的是萨特。他认为："我们发现自己面对着两种根本不同的存在方式，应该是其所是的自为的存在方式，就是说，是其所不是和不是其所是的自为的存在方式，还有是其所是的自在的存在方式。"⑤ "自在的存在"是指人们的"感觉内容"，是不以人的意愿为转移的客观的现实的东西，但是他讲的外部世界则是"静止不动的"偶然的存在，没有什么存在的实际意义，是一种虚无。萨特在早期作品《影像论》中认为"自为的存在"就是"意

---

① ［德］黑格尔：《逻辑学》下卷，杨一之译，商务印书馆2011年版，第522页。

② ［德］黑格尔：《精神现象学》（下），贺麟、王玖兴译，上海人民出版社2013年版，第133页。

③ 同上书，第275页。

④ ［德］黑格尔：《小逻辑》，贺麟译，商务印书馆2009年版，第89页。

⑤ ［法］萨特：《存在与虚无》，陈宣良等译，生活·读书·新知三联书店2015年版，第745页。

识”。萨特指出：“在任何情况下，我的意识不能是一个物，因为，它自在的存在方式，恰恰是一种自为的存在。对于它来说，存在就是具有它存在的意识。面对纯粹静止不动的物的世界，它表现为纯粹的自生性。”① “意识”作为一种存在是一种“纯粹的自生性”，具有不受其他事物影响和制约的特点。在《存在与虚无》中自为的存在被定义为“不是其所是和其所不是的存在名义”②，“可能是自为的结构，就是说，它属于另一个存在领域”③。自为与自在的关系是一种超越性。他写道：“我们把在规定了在其存在中的自为时揭示了自在的那个内在的而且又实现着的这种否定称为超越性。”④

马克思说：“理论一经掌握群众，也会变成物质力量。”⑤ 思想的东西是为现实超越的目的服务的，自为具有直接感性的特点，代表着属于人的“物质力量”，它将人的观念直接对象化为实在。马克思在《1844 年经济学哲学手稿》中评论黑格尔《现象学》中说：“劳动是人在外化范围之内的或者作为外化的人的自为的生成。”⑥ 这就是说，劳动是人的有目的、有计划的自为的活动。马克思在《哲学的贫困》中说：“在斗争（我们仅仅谈到它的某些阶段）中，这批人联合起来，形成一个自为的阶级。”⑦ 马克思表达出工人阶级联合起来作为一个联盟，为了维护自身的利益目的才是自为的观点。马克思说：“人不仅仅是自然存在物，而且是人的自然存在物，就是说，是自为地存在着的存在物，因而是类存在物。他必须既在自己的存在中也在自己的知识中确证并表现自身。”⑧ 也就是说，人通过自为来确证和

---

① ［法］萨特：《影像论》，魏金声译，中国人民大学出版社 1986 年版，第 1 页。

② ［法］萨特：《存在与虚无》，陈宣良等译，生活·读书·新知三联书店 2015 年版，第 114 页。

③ 同上书，第 26 页。

④ 同上书，第 234 页。

⑤ 《马克思恩格斯文集》第 1 卷，人民出版社 2009 年版，第 11 页。

⑥ 同上书，第 205 页。

⑦ 同上书，第 654 页。

⑧ 同上书，第 211 页。

表现自身，才能成为类存在物。

主体性精神的自为是人有目的的对象化的践行活动，相当于实践活动中的行。自为之所以是主体性精神的要素之一，主要有以下几个理由：第一，它是一个有着自觉目的的践行，因此一定程度上摆脱了盲目的行为，表达出了人作为主体的本质力量，由受动、受限制的被动性转化为人作为主体施动者的地位，使人真正成为超越的主体。第二，自为具有直接的现实性。它能够将观念上的超越直接对象化为实在，在对象性的活动中，确证自己的本质力量的同时实现现实的实质的超越，即意味着人真正可以实现解放与自由。在一定程度上摆脱了客观的限制或束缚，并以此为基础又扩展着人进一步超越的可能。第三，自为的对象性活动，使我们认识事物有了感性认识，对于我们修改和深化原有的超越观念提供了宝贵的第一手资料。

六　自律

自律就是自我约束、限制之意。它与我国儒家自我修养中的“慎独”意思比较接近。中国传统道德有言：“君子戒慎乎其所不睹，恐惧乎其所不闻。莫见乎隐，莫显乎微。故君子慎其独也。”（《中庸·天命》）慎独就是在自我独处时要严于律己，戒慎恐惧，如履薄冰。在西方哲学中康德首先提出自律，即指不受外界约束和情感支配，据自己善良意志按自己颁布的道德规律而行事的道德原则，与“他律”相对。

在康德那里，世界区分为两个领域，规律也相应区分为两类：一类是自然的因果规律；一类是意志或道德的规律。人作为生物的肉体的人，要服从自然规律，作为社会的道德的人，要服从道德规律。只不过自然规律是“他律”，道德规律则是“自律”①。他把“他律”与“自律”区别开来，开辟了从主体角度理解自由的思路。然而，

① ［德］康德：《实践理性批判》，韩水法译，商务印书馆2003年版，第135页。

康德并没有说清楚道德规律的来源，最终还要在超验的“上帝”那里设置道德源头，所以“自律”就必然会演变成为宗教“他律”的自觉化。马克思说社会存在决定社会意识。这种自律的“自由意志”不是先验的、超验的，而是人对客观规律的反映，作为人实践达到目的必须遵守的客观规律。其实，剥开康德的“自律”唯心的外壳，康德观点给我们的智慧启发就是要超越客观事物对人的限制或束缚，实现人的自由与解放，必然要求人遵循客观规律，作为实践自为的内在法则，即通过把外在对人的否定转化为内在人对自己的限定，来实现最终对人的肯定。马克思在论述专属于人的那种劳动时说：“他不仅使自然物发生形式变化，同时他还在自然物中实现自己的目的，这个目的是他所知道的，是作为规律决定着他的活动的方式和方法的，他必须使他的意志服从这个目的。”① 我们过多地关注他律，其实他律作为外界对主体的一种限定最终要发挥作用还是要落实到自律上，只不过推动自律的方式是带有强迫性的还是合乎主观自愿的而已。内因是主要的，只有将外部限制变成内部法则，人才能称得上真正的自我超越。

自律是自由意志的自律，康德的自由意志是不包括激情的，是一种纯粹的实践理性，这一点与黑格尔是不相同的。邓晓芒在比较黑格尔与康德自由观时说：“他与康德一样，认为激情是任意中的感性的方面；但与康德不同的是，他把这个感性方面不是视为自由的遮蔽，而是视为自由本身实现的手段和必要环节。”② 其实，意志自律的存在本身就是一种激情的存在，从广义上说，心理学通常把意志作为一种有明确目的指向的特殊情感。这一点后来在尼采那里得到了体现。尼采把意志升格为强力意志，一切存在都只是强力意志的追求和运动，人本身也存在强力意志，强力意志无所不在，无所不能，强力意

① 《马克思恩格斯文集》第 5 卷，人民出版社 2009 年版，第 208 页。

② 邓晓芒：《康德和黑格尔的自由观比较》，《社会科学战线》2005 年第 3 期。

志的充分发扬即意味着成为超人。虽然尼采夸大了意志的作用，但却从另一方面肯定了意志作为一种情感的存在。意志本身作为情感，但是这种情感特殊性在于它可以排除其他情绪波动带来的干扰，使人保持良好的精神状态。反之，如果一个人对任意欲望无法节制不能自律，就会被任性的欲求所左右和束缚，就失去了人作为从“是什么”向“应当是什么”的自我超越。自觉的目标和实现它应当具有的规范，对人不是一种消极的束缚，而是前进的方向和激励的力量；它不应是外在的要求，而是外在的要求转化为内在的自律。它应使人感到的不是束缚，而是警醒、感奋和激励。因此，与其说意志自律是一种纯粹的实践理性，还不如说是人的激情的一种凝结和聚焦。正如光一样，当它聚焦的时候就成了强大力量的激光。进而，自我超越要善于把激情聚焦为内在法则的意志自律，在实践自为中体现出来，推动着实现真正的人的超越。

康德把自律作为一种社会道德的自律。虽然遵守超越的客观规律与道德规律不同，但是，作为人的超越性的实践活动必然需要把外在客观规律要求划归为内在必须遵守的责任自律，才能实现好自我超越的目的。自律就是对自己责任较真，就是约束自己去做应该做的事，从而自觉地履行自己的职责。一个人通过较真来践行自身的权与责，就不仅要坚决不做不该做的，而且要认真做应该做的，两个方面缺一不可。只有这样，才能充分发挥每个人在社会生活中规范权责关系的主体能动作用，最大限度地使自我与社会走向和谐。马克思曾说：“实际上，在职责、使命、任务等等中，个人在自己的观念中是和个人的本来面目不同的，是异物，也就是圣物，他提出了他应该成为什么的想法作为合理的东西，作为理想，作为圣物来与他自己的现实存在相对立。”① 马克思强调现实的人就有使命、任务、职责作为理想与人的本来面目不同。从这个意义上说，个人如果选定了自我超越的

① 《马克思恩格斯全集》第3卷，人民出版社1960年版，第325页。

目标，那么他就给自己确定了使命、任务、职责，以至于使命、任务、职责就成为个人生活与社会实践的内在执着和表现，否则人就无法完成超越的目标。因此，自律也就成为个人生活和社会实践应当遵循的基本要求。

总之，自我超越要实现现实的超越必然要求人遵循外在客观的规律和社会的道德准则作为人的内在法则，在自律自为中实现现实的超越。当然客观的规律也是随着实践和认识的深入逐渐深化的，是一个过程，但是主体当时所能认识到的客观规律的水平必然要作为当时主体超越应当遵循的内在法则。

七 自省

自省就是自我反思、反省、省察等之义。自省在中国传统文化中是一种基本的修养方法，完善自我的一种方式，侧重于人的内向度、思维向度。《论语》上记曾子的话："吾日三省吾身。"说的是对自省的重视。对于自省，孔子说："见贤思齐焉，见不贤而内自省也。"（《论语·里仁》）"已矣乎，吾未见能见其过而内自讼者也。"（《论语·公冶长》）在西方，自省是反思之义，认为反思为理性的首要特征。康德要反思人的认识能力，以及认识的可能性和界限，认为，我们的知识有两个来源：第一是接受印象的感性，它依赖于外物刺激，所以是被动的。第二是靠自己能动地产生概念以进行思维活动的知性，它是能动的。这两种来源本质上有别，感性不能思维，其职能在于提供对象，知性不能直观，其职能在于思维对象。康德的反思其重点在于通过批判地反思来揭示具有普遍有效性的理性知识是如何可能的，以应对怀疑论者的攻击，但这是对理性知识的前提性反思，而不是对理性知识自身如何形成的反思。黑格尔认为："哲学的认识方式只是一种反思。"① 他认为通过"思想的反向追溯"才能超出感官的

① ［德］黑格尔：《小逻辑》，贺麟译，商务印书馆2009年版，第7页。

世界而达到普遍的世界、本质的世界，“感性的东西是一个别的，是变灭的；而对于其中的永久性的东西，我们必须通过反思才能认识”[①]。与康德批判性的反思不同，黑格尔的反思强调的是思辨的反思。黑格尔说：“反思以思想的本身为内容，力求思想自觉其为思想。”[②] 也就是他所说的“对思想的思想”。马克思的反思是实践的反思，强调反思要扎根于践行活动。这正如马克思所说：“观念的东西不外是移入人的头脑并在人的头脑中改造过的物质的东西而已。”[③] 这就表明，人可以对客观存在进行意识，对人践行的感性材料进行反思，也可以对思想进行反思，但无论是对“感性材料”还是“思想”本身的反思，却只能是关于“世界”的“思想”。因此，最终要回到实践践行的反思。

自省的反身性使得主客体得以统一。中国古代认为“诚”相当于“天人合一”“心理合一”的至高之境，即达到真、善、美的和谐统一之理想。人只有通过反思自省才能“求其放心”至“诚”，即“反身而诚”。孟子说：“诚者天之道也；思诚者人之道也。”（《孟子·离娄上》）“万物皆备于我矣。反身而诚，乐莫大焉。”（《孟子·尽心上》）他说出了这个道理。马克思实践观更为深刻说明了人具有自省的反身性。人具有自省的能力是因为人的实践的对象化活动具有二重化的特性。马克思说：“人不仅象在意识中那样理智地复现自己，而且能动地、现实地复现自己，从而在他所创造的世界中直观自身。”[④] 进而使得人“自己的生命活动本身变成自己意志的和自己意识的对象”[⑤]。正是人在实践活动中使自己二重化，在与自己的生命活动拉开距离的反身自省的透视中，达到对事物更深层的认识，最后又回归到实践中去，在辩证反复中

① ［德］黑格尔：《小逻辑》，贺麟译，商务印书馆2009年版，第75页。
② 同上书，第38页。
③ 《马克思恩格斯文集》第5卷，人民出版社2009年版，第22页。
④ 《马克思恩格斯全集》第42卷，人民出版社1979年版，第97页。
⑤ 《马克思恩格斯文集》第1卷，人民出版社2009年版，第162页。

逐渐实现主客体的统一，实现合目的与合规律的统一。这个过程之中，主体在实践的基础上反观自省，加深对事物认识的同时也建构了自己的主观世界，即实现着在改造世界中改造自身的目的。

自省促使人超越感性认识达到理性认识。感性认识不是真正的目的，感性认识要上升到理性认识。如果我们的认识仅仅停留在实践自为的感性上，我们就难以对自为中现实矛盾展开的丰富的表象的质料予以理性的确定。通过对自为的表象质料自省反思，来达到对事物的深化认识，推进对事物展开的超越性活动。因此，反思来自感性材料，但随着反思的深入愈来愈远离具体的变动的感性材料达到抽象的一般的确定性的理性认识，最后反思的理性还得回归到实践中来。列宁说："从生动的直观到抽象的思维，并从抽象的思维到实践，这就是认识真理、认识客观实在的辩证途径。"① 这就是说，辩证的认识观要求从具体上升到抽象。如果人们仅仅停留于实践自为的感性阶段，就会陷入唯"经验论"的错误。黑格尔说："经过反思，最初在感觉、直观、表象中的内容，必有所改变，因此只有通过以反思作为中介的改变，对象的真实本性才可呈现于意识前面。"② 黑格尔认识到了反思自省对于"对象真实本性"获得的重要性，但是他的反思自省又是强调概念性的反思，如果没有实践大量感性材料作为前提，抽象也就变成了无源之水的纯粹演绎，只能成就他的"上帝的知识"。自省不仅有助于"去粗取精、去伪存真、由此及彼、由表及里的改造"的理性思维地把握本质，而且反省在哲学家那里还是事物本质突现的把握方式。美国著名哲学家、心理学家詹姆斯认为："内省观察是我们所不得不最先依赖、首要依赖和始终依赖的。内省这个词几乎不需要定义——它当然是指审视我们自己的心灵并报告我们在那

---

① 《列宁全集》第55卷，人民出版社2017年版，第142页。

② ［德］黑格尔：《小逻辑》，贺麟译，商务印书馆2009年版，第76页。

里发现了什么。”① 胡塞尔认为，认识事物的本质直观要通过反省自己主观意识而直接洞察现象本质的方法。他强调现象学的悬置原则，将有关客观与主观事物实在性的问题都存而不论，并把一切存在判断“加上括号”排除于考虑之外，通过直接细微的反省分析，以澄清含混的经验，从而获得各种不同的具体经验间的不变部分，即现象或现象本质。这类似于在中国思维当中的“顿悟”。

自省还有通过省察其不足，主动建构未来的一面，这是与一般受外界刺激的感受所不一样的地方。马克思在致阿尔诺德·卢格的信中说：“通过批判旧世界发现新世界。”② 正是人具有反身思考、省察的能力，才使得人在审查感性材料中出现不足之处时，发现新的东西，进而思维会由此去建构新的世界。马克思说：“最蹩脚的建筑师从一开始就有比最灵巧的蜜蜂高明的地方，是他在用蜂蜡建筑蜂房以前，已经在自己的头脑中把它建成了。”③ 这就是说，人不是总是被动地反映，在反映的同时人还可以通过反身自省主动地建构，但是这个建构的基础还是来自感性活动提供的材料，而且这个建构还要回归到现实感性世界中去检验、修正和补充完善。

八 主体性精神要素的层次结构关系

主体性精神是一个整体的系统，它要实现人的自我超越，来源于它的结构中不同层次的要素发挥着的不同作用。所谓结构，是指系统内部各要素之间的耦合关系或连接方式。要实现对生存和发展限制或束缚的超越，必然要求内部结构中的要素有促进、制约、信息反馈、价值指引等关系。要素之间的相互协同，引发着创生的功能。

自由是处于最为内在的核心要素，是人面对限制根本的追求目的

① ［美］威廉·詹姆斯：《心理学原理》，郭宾译，江西教育出版社2014年版，第165页。

② 《马克思恩格斯文集》第10卷，人民出版社2009年版，第7页。

③ 《马克思恩格斯文集》第5卷，人民出版社2009年版，第208页。

和判断、评价的标准。自由追求对自身的解放，作为一种超越性价值统引着主体性的所有要素。这是因为自由与其他要素相比是目的和手段的区别，自由是人的根本目的，决定着一般的目的，其他要素作为手段是为目的服务的，所以，其他要素要围绕着形式自由和实质自由而展开，也以此作为主体判断自身与外界事物关系的标准。但是这里的自由不是没有限制的自由，而是相对于人在特定的境遇中生存和发展束缚或限制所谈的超越的自由，是人摆脱困境追求美好事物的自由，是人在一定阶段一定范围内获得了自由。另外，那种绝对的自由是不存在的，人的自我超越行为常常处在一种复杂的、变动不定的关系之中，有预料之中，也有预料之外，自由常常伴随着不自由的存在，而且事物总是向前运动发展的，发展当中带来新的限制和不自由。毛泽东说："任何过程，不论是属于自然界的和属于社会的，由于内部的矛盾和斗争，都是向前推移向前发展的，人们的认识运动也应跟着推移和发展。"① 这意味着，人们在一定阶段和范围内取得的超越的自由随着事物矛盾向前发展又会产生出新的不自由。因此，相对自由作为一种核心价值贯穿着其他的要素，引领着人实现超越的理想。自觉要素要求主体能够觉察问题、事物的一般内在关系、内在超越激情和追求目的。它统领着自信、自主、自律、自为要素。有自觉的激情和目的，对自己实现目的的能力有确定性，才会有超越的自信。有一定自觉、自信的支撑，人才会作出自主的选择。同时自觉、自信、自主要素又推动人的自律、自为。自律作为意志成分，可以规范自为的方向，但从整体而言，它们二者就是为实现现实的自由而作出的努力，可以成为一个整体。而自律、自为又会把结果的信息反馈到自觉、自信、自主的要素中，它们五个要素又共同构成了一个感性的实践系统，实现着人从精神超越到现实的超越。正如列宁反复强调的经过实践可以使"自在之物"变成"为我之物"。这个感性的实践

① 《毛泽东选集》第1卷，人民出版社1991年版，第294页。

活动并没有结束，人还具有的优势是具有反身自省的能力。通过自省把感性上升到抽象的、更具普遍意义的理性认识层面，进而在意识层面主动地建构未来的世界，因此，感性和理性之间的相互沟通和交流，推动着主体不断地实现着对自身生存和发展束缚或限制的超越，推动着人不断地在问题域中实现着自由。

第三节　主体性精神的分类

一　形式主体性精神与实质主体性精神

形式是指没有内容的抽象存在，实质是指具备了实际内容的存在。如果超越仅仅停留于意识层面就是形式的，只有从意识的层面转化为现实的超越才是实质的。根据主体性精神是否停留于意识层面还是把意识层面的超越实现于现实之中，可以把主体性精神分为形式主体性精神和实质主体性精神。

形式主体性精神主要体现于意识层面。比如，对于一个客观存在的限制或束缚，人可以从意识层面设想出多种超越的可能，这种可能性既包括现实的可能性，也包括非现实的抽象的可能性。现实超越的可能性是指在现实中有充分根据，并具备了由可能超越向现实超越转化条件的可能性。抽象超越的可能性包括两种情况：违背事物本身的客观规律，但在反映形式上不违背逻辑的可能性。另一种是不违背客观规律，但当前还缺乏由可能向现实转化的必要条件的抽象的可能性。但这只是在精神层面存在。如果不能转化为现实的实质超越，客观事物对人生存和发展的限制仍旧存在。所以对于主体而言，实质超越是指，客观的限制或束缚被打破，主体获得因突破限制所带来的生存和发展的机遇，享受到生存和发展的利益以及由此产生的精神上的自由状态。

二　被动主体性精神与主动主体性精神

对人的生存和发展的限制可以分为两类：一类是已经存在的限

制，还有一类是限制尚未展开，人能够通过意识预见到将来限制的存在。第一类是对人已经给定性的限制，规定了人的活动范围，造成人一定程度上的被动，另一类是尚未给定，留给人更大的超越创造空间。因此，根据人的超越具有不同的态势可以把自我超越分为两种不同的类型，即被动超越和主动超越。被动超越是适应型的，是问题已经出现，并对人的生存和发展产生了限制或束缚，人不得不仓促地解决当下暂时的问题，来获得超越。主动超越是问题还没有出现或仅出现一点苗头，人未雨绸缪，立足于长远，主动作出行动解决现实可能存在的问题。[①] 譬如，红军长征的初衷就是被动超越，虽然摆脱了困境，但损失巨大，而解放战争则是主动超越，迅速取得了全国的胜利。人的自我超越首先要立足于被动问题存在的超越，因为这是无法回避、选择的，但人不能限于守住被动超越的底线，而要由被动的超越逐渐转换成为主动超越的态势，这就需要人通过正确的演绎和联想等思维方式来推导可能存在的问题对人生存和发展的束缚或限制，主动寻找问题，在问题到来之前予以解决，即由被动需要“要我超越”转变成为主体根本的需求“我要超越”。

三 个体主体性精神与群体主体性精神

人类活动包含个体活动和群体共同活动，社会是最大的群体。如果把群体看作大的自我，把个体看作小的自我，那么主体性精神理论就涵盖着个体主体性精神和群体主体性精神。个体主体性精神意味着个体自我超越，群体主体性精神意味着群体自我超越。

它们二者之间存在着相互依存、相互促进的关系。一方面，对个体自我超越的强调并不意味着个人主义或个体主义，无论是在个人主义的社会还是群体主义的社会，无论是个体的活动还是群体的活动，

---

① 参见张新吾、黄瑞雄《思想政治教育元问题研究——基于人的自我超越视阈》，《理论导刊》2017 年第 2 期。

都离不开个体主体性精神的发挥。在一个群体中，如果大多成员怀疑自己的超越能力，那么这样的群体整体上也不可能获得大的成就。相反，具有强烈的主体性精神的众多个体必将会对塑造群体主体性精神起着极强的促进作用。因此，群体中个体的主体性精神大多较高，那么该群体的主体性精神可能很高，在一个个体主体性精神都很低的群体中不可能出现强烈的群体自我超越。所以，要实现群体的自我超越并不排除个体的主体性精神，不但不排除，它还必须以个体的主体性精神作为自己的内在规定和发展基础。在现实中表现为个体越能超越，群体就越能实现超越的可能。这看起来是矛盾的，然而正是这一矛盾，使得群体的自我超越具有发展的广阔“张力”的空间。另一方面，对个体主体性精神的强调也离不开群体主体性精神的高扬。人们大多数的超越活动都是相互依赖的，在一个群体主体性精神很低的群体中，个体的自我超越也会受到极大的限制。这是因为一个人只有把群体中的他人包括前人所创造的社会总体的超越能力变成自己可资借鉴的参考材料，把群体中他人创造的社会共同财富变成自己可以享用的财富，也就是说，要把自己融进人的“类活动”中去，变成人类合成力量的化身，个人才能获得更好的超越能力。

但是，群体主体性精神和个体主体性精神在现实中也会存在排斥性。当自我超越无限地夸大自我的作用，看不到他人和社会的支撑作用的时候，就会带来个人英雄主义以及自我中心主义。而群体主体性精神的实体化，也会带来对个体主体性精神的限制。马克思区分了人类社会的三种群体，依次是“血缘的共同体——虚幻的共同体——真正的共同体”，与此基本对应的是三种不同的“个人”，即“有个性的个人——偶然的个人——自由个性的个人”。在封建社会阶段，个人“表现为不独立，从属于一个较大的整体”，与个人相比，抽象“共同体”是自因自足的实体，而个人则是依附于这一实体的附属品；资本主义的生产关系使得个人并没有真正摆脱“依赖状态”，依然是抽象“共同体”。在马克思看来，真实的“共同体”是“这样一个联合体，在那里，每个人的自由发展是一切人的自由发展的条件”①。在这种联合体中，“各个人在自己的联合中并通过这种联合获得自己的自由”②。即在真正的“共同体”中，个人自由不是建立在人与人相分隔的基础上，而恰恰以人与人的结合为前提，在互为条件的人与人关系中，发展着每个人的自由个性。

总之，个体主体性精神与群体主体性精神的相互关系，有待于上升到个体主体性精神与真正共同体主体性精神的相互关系。马克思指出：“应当避免重新把‘社会’当做抽象的东西同个体对立起来。个体是社会存在物。因此，他的生命表现，即使不采取共同的、同他人一起完成的生命表现这种直接形式，也是社会生活的表现和确证。”③ 而这种个体主体性精神与群体主体性精神的和谐统一，要建立个人主体性精神之上的真正的共同体主体性精神。正如马克思所说：“将是这样一个联合体，在那里，每个人的自由发展是一切人的自由发展的条件。”④

第四节　主体性精神的形成机理

形成机理是事物之所以形成的内在规律和原理。主体性精神有着它独特的形成机理，通过对形成机理的探究为主体性精神培养的原则、方法和路径提供理论上的预制。主体性精神的形成机理主要有以下几种。

一　问题压力机理

“问题”的定义比较多义，如既有从认识论又有从存在论，既有从主观又有从客观角度定义。毛泽东在《反对党八股》中指出：“什么叫问题？问题就是事物的矛盾。哪里有没有解决的矛盾，哪里就有

① 《马克思恩格斯文集》第2卷，人民出版社2009年版，第53页。
② 《马克思恩格斯文集》第1卷，人民出版社2009年版，第571页。
③ 同上书，第188页。
④ 《马克思恩格斯文集》第2卷，人民出版社2009年版，第53页。

问题。"[①] 他这是从矛盾的客观性方面定义"问题"。马克思说："哲学家们只是用不同的方式解释世界，问题在于改变世界。"[②] 马克思没有具体给出"问题"的定义，但是马克思强调的"问题"不仅仅是解释世界，更在于实践改造世界，建立"属人的世界"。《哲学大辞典》中依据马克思主义的观点把"问题"规定为"一般指需要研究和解决的实际矛盾和理论难题"[③]。这个定义强调了"问题"的真实性"实际矛盾和理论难题"和价值性"需要研究和解决"。习近平总书记指出："我们中国共产党人干革命、搞建设、抓改革，从来都是为了解决中国的现实问题。可以说，改革是由问题倒逼而产生，又在不断解决问题中得以深化。"[④] 他从国家的生存和发展的角度谈到了"问题"，在他的思想中"问题"是现实的问题，"问题"逼迫着人，必须在"问题"的解决中使"改革"的事业得以深化，国家得以发展和强大。对于每个人而言同样如此，正如美籍犹太哲学家赫舍尔所指出的："面对一个难题（problem）则是涉及整个人身的一种处境。"[⑤] 对于人生存和发展的问题，就是人的生存处境所遭遇到的苦恼和困惑状态，压迫着人寻求解决与超越。

主体性精神是人面对着生存和发展的限制或束缚的自我超越。"问题"来自事物对人的限制或束缚的客观存在。超越始于问题，要自我超越首要的还是要明晰限制或束缚的存在。这个存在就是问题所在，即生存和发展的问题对人造成了压力，这种压力逼迫着人要实现超越，否则生存和发展就会受到限制。需要说明的是：这里的问题是客观存在的问题，不是主观问题，具有客观真实性；这里的问题是带有主体属性的问题，也可看成主体的一种缺失，可能对甲是问题对乙都不是

① 《毛泽东选集》第3卷，人民出版社1991年版，第839页。
② 《马克思恩格斯文集》第1卷，人民出版社2009年版，第502页。
③ 冯契：《哲学大辞典》，上海辞书出版社2001年版，第1545页。
④ 《习近平谈治国理政》第1卷，外文出版社2018年版，第74页。
⑤ ［美］赫舍尔：《人是谁》，隗仁莲译，贵州人民出版社1995年版，第1页。

问题，具有因人而异性；这里的问题不是所有的问题，而是已经或者将要凸显的问题；这里的问题是能够为人所意识到的问题，不是离开了人意识到的“问题”存在；这里的问题是预设人能够通过努力实现超越的问题，而不是根本不能超越的问题；这里的问题不仅仅是认识论上的问题，更是生存和发展道路上的现实问题，具有切身性。

有了意识到的对人生存和发展受到限制或束缚“问题”的存在。人就会激发出不甘心被客观所限制或束缚的超越激情。有了“问题”，人就会有的放矢地推动着对“问题”的解决，实现着人自我的超越。而不能意识到“问题”的存在，人就会被盲目的乐观和悠闲所遮蔽，必将带来生存和发展受到束缚的后果。这正如人们常说的“人要有忧患意识”，即“生于忧患，死于安乐”。

二 实践推动机理

主体性精神的自我超越不是独自躲在书斋中的遐想、思索，面对生存和发展的限制或束缚，没有实践的推动是不可能完成从形式的超越到现实的超越的转变。现实的问题终究要求人们回归到现实的超越中来。实践之所以是主体性精神形成的机理主要体现在以下几个方面。

首先，实践具有感性的特点。没有人在实践中对事物的感受和体验，事物之所以成为对自我生存和发展的束缚或限制的根源、本质就不会暴露，我们就无法捕捉到现实可能的超越思想和灵感，找到解决问题的路径和方法。毛泽东说：“否认了直接经验，否认亲自参加变革现实的实践，他就不是唯物论者。”[①] 他说出了正确理论的来源，即真知是以直接经验为前提的。由此，我们也可以说具有现实可行性的超越观念来源于直接的感性经验。离开了感性经验对事物的确定性，我们的超越的思想就会陷入漫无边际的空想的形式超越之中，而

① 《毛泽东选集》第1卷，人民出版社1991年版，第288页。

不会有真正的可行的超越思想的涌现。

其次，当人们依据一定的感性经验的材料形成一定的理性的超越性观念的时候，人们的理性的超越性观念并不代表就是正确的超越观念了。毛泽东说："只有把理性的认识再回到社会实践中去，应用理论于实践，看它是否能够达到预想的目的。"① 他认为许多理论的真理性是不完全的，甚至是错误的，只有经过实践的检验才能纠正其错误。同理，由实践得来的超越性观念也是不完全的，它是否正确，或者部分正确，也是需要实践来修正的。因此，这个由实践得来的超越的观念还需要回到实践中去检验其正确性，通过实践现实的检验，修正原来错误的超越观念，然后再实践，有时候需要这样来回反复多次，才会实现将主观的超越转变为客观的超越，即实现实质的超越。这一点，在我们面临超越活动的多种选择的时候表现得非常突出，正如我们走入迷路的岔路口，我们一时也辨不清往哪里走，这个时候就需要实践来试错性验证，没有实践的试错性验证我们就极有可能一门心思走入死胡同而不自知。

最后，超越不是一次性、一个阶段完成的，人生的超越是不断向前进行的，只有实现了前者的现实的超越，才会有后者的超越的开始，如果前者的超越没有在实践当中完成，就往往无法开展后面的超越性活动，正如"不积跬步，无以至千里"的道理。马克思说人们自己创造自己的历史，"并不是在他们自己选定的条件下创造，而是在直接碰到的、既定的、从过去承继下来的条件下创造"②。人生的超越历程是不断展开的，没有前面实践的一步步落实，也就不会出现后来超越的开始。这一点特别是怀有远大超越梦想的人尤其如此，远大的超越梦想由许多阶段性的超越所组成，每一个超越的实现意味着为下一个超越提供了基础与前提。

① 《毛泽东选集》第 1 卷，人民出版社 1991 年版，第 292 页。

② 《马克思恩格斯文集》第 2 卷，人民出版社 2009 年版，第 470—471 页。

三 参照影响机理

参照影响就是主体找到一个参照点，然后以此进行参考对照，进而对自己的思想和行为产生影响。世界著名认知语言学派创始人 Ronald W. Langacker 认为，人类有一个基本的认知能力，那就是可以把一个实体概念作为一个概念参照点，该参照点能使我们建立起对另一个实体的心理接触，这个通过参照点接近到的实体被称为目标。① 为了说明为什么要选用认知参照点，他用夜空现象来比喻认知参照点：夜晚的天空繁星点点，如何从满天的星星中找到一颗我们要找的星？观察者往往是先确定一颗明亮的、容易找的、凸显的星（认知参照点），然后以其为出发点来找到它（目标）。② 主体性精神是人面对生存和发展限制或束缚的自我超越，限制或束缚意味着自身在这方面的缺乏，因此要超越意味着主体要对先前的缺乏进行完善和弥补，对于超越者而言一切都是新的需要去摸索，如果在茫然之中一切都要自己去经历，很多时候时间上也是不允许，而当具有现成的经验可以借鉴，无疑将提振超越的信心，缩短超越的行程。马克思说人的本质是“一切社会关系的总和”③。人的特点就是社会性。社会性就意味着相互关系、相互影响。如果不善于参照他人，一味地孤立于社会之外，“闭门造车”式地超越，缺少应有的人与人之间的信息交流，孤立的个人将会落后于时代发展的要求。

参照点对主体的影响主要体现在三个方面：一是信息性参照。自我通过咨询有过类似境遇或对此有资深研究的专家，来获取超越的信息；或者通过观察对此类事物做得比较成功或失败的关键参照的人物来推断超越的内在机理，给自我超越带来需要的信息。二是功利性参

① 魏在江：《认知参照点与语用预设》，《外语学刊》2008 年第 3 期。

② 同上。

③ 《马克思恩格斯文集》第 1 卷，人民出版社 2009 年版，第 501 页。

照。当个人处在一个超越的群体之中，他人的超越行为，将无疑会对自我的行为和思想造成一种无形的压力，迫使自己作出群体所期待、认可的超越行为，使自己也成为这一类人，融入这个自我超越的群体中。三是价值性参照。主体内在具有了超越的潜在心理愿望和需求，外在参照点的偶然性刺激，使得超越的欲望得以激发出来。由以上分析，参照还可以区分出两种基本类型：正面参照和负面参照。正面参照就是参照点给予了主体以积极的信息。负面参照就是参照点给予主体以消极的信息。通过正反两方面的参照主体才会坚定超越的信心，选择正确超越路径而矢志不移。

四　需要激励机理

需要是个体对内外环境的客观需求在头脑中的反映。马克思说："任何人如果不同时为了自己的某种需要和为了这种需要的器官而做事，他就什么也不能做。"[①] 这就是说人的所有行为都是为着满足需要而出发的。而需要不是静止的，是一个历史的动态的过程，它贯穿着人的一生。马克思认为已经得到满足的需要本身、满足这一需要的"第一个历史活动"及活动所创造的工具，又引起新的"第二个"需要，这种"第二个"需要才是"第一个历史活动"[②]。在这个意义上说，人的历史就是需要产生、发展和实现的历史。马斯洛从微观个体的角度印证着马克思关于人的需要理论。他把人的需要划分为五种类型，即从生存的需要、安全的需要、爱与归属的需要、尊重的需要到自我实现的需要。五种基本需要之间是一种相互联系、依次上升的关系，它们共同构成了一个"有相对优势关系的等级体系"。只要低层次的需要得到满足，它就让位于高层次的需要。这就是说，后一层次需要是前一层次需要在质上的跃迁，当前一层次的需要得到满足之后，

① 《马克思恩格斯全集》第3卷，人民出版社1960年版，第286页。
② 《马克思恩格斯文集》第1卷，人民出版社2009年版，第531页。

后一层次的需求才会有足够的活力驱动着人的行为。从这个角度上说，不断满足需要的上升过程也就是人从量到质上不断超越的过程，通过对人需要的激励和满足会推动着人的自我超越。但是，我们应当注意的是人的自我超越与满足需要是双向运动的，因为满足人的需要会推动人的自我超越，人的自我超越也会推动着人的需要的满足。在现实生活中人的需要的满足往往不是现成的、给予的，需要的满足常常为人自己的实践活动的努力中得来。列宁说："世界不会满足人，人决心以自己的行动来改变世界。"[①] 也就是说，人需要的不断满足，来自人的实践活动，换言之，自我超越的实践推动着人的需要不断得以满足。

人的需要作为一种内外客观需求在人脑中的反映，它不是完全抽象的、空洞的，必然具有对象物的存在。这个对象物常常被人们冠之以利益。利益通常指在一定的社会关系中能够实现满足人需要的一定数量的事物。正是利益代表着人们需要的对象，消除着人们对此对象的匮乏。进而，"人们常常把需要与利益等同起来。这是因为需要从根本上说是利益的需要，利益是因需要而成为利益，它们体现的是人的价值、人的目的。马克思在文章中也常常把二者放到一起，例如在《野蛮时代和文明时代》一文中说"由于谋生条件的变革及其所引起的社会结构的变化，又产生了新的需要和利益"[②]，在《论犹太人问题》一文中同样强调："实际需要、利己主义是市民社会的原则。"[③] 因此，离开了特定的对象谈需要，只是一种空洞的需要，不会成为现实。当然，离开了人的需要去抽象地谈论人的利益也同样是不可取的，因为外在的对象只有与人的需要相结合，才能成为现实的利益。[④] 马克思说："人们为之奋斗的一切，都同他们的利

① 《列宁全集》第55卷，人民出版社2017年版，第183页。

② 《马克思恩格斯文集》第4卷，人民出版社2009年版，第187页。

③ 《马克思恩格斯文集》第1卷，人民出版社2009年版，第52页。

④ 参见张新吾、黄瑞雄《思想政治教育元问题研究——基于人的自我超越视阈》，《理论导刊》2017年第2期。

益有关。"[1] 因此，人的自我超越的形成机制，通过人需要的满足来促成，也就意味着利益的对象物诱导激发着人的自我超越的思想和行为。

五　积累升华机理

积累是逐渐集聚之意，在经济学中常常作为扩大再生产的基础部分。马克思在《资本论》中指出："固定资本和劳动力是既定的量，又是可变的量，科学则是另一个可变要素"，"这些可变要素也形成积累或扩大再生产的自然基础，有了这样的基础，即使不追加投资，再生产的扩大也是可能的"[2]。这就是说，积累才能扩大生产获得发展，同时，扩大生产本身也是一个更大发展的积累过程。因此，扩大生产需要积累，积累也要成为进一步扩大生产的积累。升华在物理学上是指事物由固态上升为气态，常常比喻为事物的提高和精炼，由低级转为高级。马克思在他的诗中也表达了这个比喻的意思。他说："那决不顺从的力量，困入雄伟的高墙，被一条非尘世的枷锁捆绑，却积聚了全身冲撞的力量，请看，这力量在升华——解脱开枷锁，走向新的自由，新的力量就此诞生。"[3] 虽然马克思是以诗歌的方式表达了升华的思想，但是透过诗歌蕴含着深刻的思想就是通过积累的力量，才会升华出"新的力量"，获得"新的自由"。

积累是升华的基础，升华是积累的提升，新的积累的开始。积累意味着量的积累，升华意味着质的改变。辩证唯物主义告诉我们量变是质变的必要准备和前提，没有量变也就没有质变，任何事物的质变都不是偶然的、凭空发生的，而是经过量的增加积累起来的。主体性精神本质上是对客观限制或束缚的超越，即意味着打破旧质的限制，由一种质态向另一种质态发生了跃迁。但是这个质的跃迁升华没有量

① 《马克思恩格斯全集》第1卷，人民出版社1995年版，第187页。
② 《马克思恩格斯文集》第8卷，人民出版社2009年版，第635页。
③ 《马克思诗歌全集》，陈玢、陈玉刚译，辽宁大学出版社1996年版，第262页。

的积累也是不可能的。毛泽东说："在一个长过程中，在进入最后的质变以前，一定经过不断的量变和许多的部分质变。这里有个主观能动性的问题。如果我们在工作中，不促进大量的量变，不促进许多的部分质变，最后的质变就不能来到。"① 自我超越也同样如此，不经过自我大量的多方面的积累，质变的升华就不可能来到。而这个积累升华机理主要体现在：形式超越上的感性经验与规律知识需要积累，实质超越上所创造的物质成果需要积累。比如，马克思《资本论》的写作就是典范，其间历时 40 余年，亲自参加并领导了 1848—1849 年欧洲无产阶级革命运动，总结了国际工人革命运动的丰富经验，批判继承了德国古典哲学、英国资产阶级古典学派的政治经济学、法国的空想社会主义，学习和掌握了多国语言，写下了大量的摘要、笔记，研读了 1500 本以上的各种著作，研究了农业化学、农艺学、地质学、货币史、技术史、工艺史等方面的知识。正是因为马克思有如此多的积累，才会升华出超越前人的成果。

第五节 主体性精神的主要功能

一 人生导向功能

主体性精神是人在限制或束缚面前的自我超越。它突出的价值取向就是获得形式超越与实质超越，打破限制取得自由与解放。超越本身包含着人面对生存和发展的限制或束缚的困难迎难而上之意，即积极进取的人生取向。这与享乐主义和悲观主义是截然不同的人生取向。享乐主义从人的自然本性出发，把各种要求的全部内容归结为得到快乐和避免痛苦，并将痛苦与快乐作为判断一个行为是与非的标准，认为人生的目的就在于追求个人的物质生活享受。享乐主义者尽情地追求物质上的享受和肉体上的快感，使人陷入意志消沉、缺乏进取精神。

① 《毛泽东文集》第 8 卷，人民出版社 1999 年版，第 107 页。

享乐主义者利用一切手段进行享受，用一切办法刺激感官，消耗大量的自身和社会资源，甚至不惜把自己的快乐建立在别人的痛苦之上。一旦老本吃完，可供享受的资源衰竭，他们就会寄希望于社会与他人的给予，抱着等、靠、要的思想。因此，他常常表现出缺乏人生目标，追求感官的快乐，好逸恶劳，贪图享受，怕困难、怕艰苦、损人利己、自私自利，不思进取，企图用暂时的快乐去麻醉自己，但是自身面临的生存和发展的问题愈发严重。悲观主义是指对事业、前途失去信心的消极人生观。悲观主义认为，世界是一个无边无际的大苦海，人生充满着烦恼和忧愁，苦难多于快乐，生命毫无趣味，因而感到前途渺茫，没有出路，陷入悲观绝望或精神麻痹状态。悲观主义甚至认为生不如死，企图超越现实，以求解脱或获得拯救。如一些宗教神学宣扬人的本性是罪恶的，俗世生活充满苦难。斯多葛学派认为现世生活是心灵的地狱，要求忍受现实的苦难，摆脱肉体的束缚，以求得心灵的自由，提出“只有随时准备去死的人，才是真正自由的”。叔本华认为，现实世界中，人们在生存意志驱使下相互斗争、拼搏，充满罪恶，它是一切可能世界中最坏的世界。人生充满苦难，根本不值得保持。某些存在主义者也认为，人生是痛苦的、渺茫的。在现实生活中常常表现出悲观失望，丧失斗志，精神萎靡，怨天尤人，埋怨社会的不公，他人的不公，怨声载道，自暴自弃。这是一种可悲的人生观。

享乐主义和悲观主义在主体性精神看来是割裂了形式超越与实质超越的统一，人停留于精神上的形式超越而造成的。形式超越滑向享乐主义，这是因为享乐主义者常常停留于形式超越，得不到现实超越的鼓励，而现实的限制或束缚又意味着苦难，超越限制的历程也并非一帆风顺，心灵煎熬在所难免。因此，享乐主义者常常会通过感官暂时的快乐来麻痹自己替代现实的超越。形式超越滑向悲观主义者，这是因为悲观主义者常自以为看透了一切，片面夸大事物的困难带给人苦难的一面，对自身的力量认识不足，长久地停留于精神上的形式超越而不付诸实践，坐而论道，现实的限制和苦难仍摆在那里困扰着人，要么到宗教上帝的虚幻力量中去寻找超越，要么对人生的现实困境悲观失望，丧失斗志，精神萎靡，意志消沉，自暴自弃。主体性精神强调二者的统一。自我是超越的首要责任主体，不依赖、依附于他人，自觉、自主、自信、自为，积极进取。正如马克思所说："任何一个存在物只有当它用自己的双脚站立的时候，才认为自己是独立的。"[①] 主体性精神要求形式超越要力求本质上认识困境求得超越的现实途径，但是不能仅仅停留于此。它强调超越的意识要转化为现实的改造社会和自身的物质力量。主体性精神它导向的是以积极饱满的人生态度迎接现实挑战，毫不畏惧。因此，主体性精神常常表现为人生的乐观主义，对事业、前途充满希望和信心，认为个人遭遇的挫折、痛苦都是暂时的，限制之"恶"终究会被战胜，通过实践自为，理想的超越必定能成为现实的超越，因此，人生要排除万难，奋勇前进，在不断超越中创造物质与精神财富，成就自身。总之，主体性精神的自我超越能够逐渐打破享乐主义与悲观主义思想对人的纠缠，树立起积极进取的乐观主义人生态度。

二　价值引领功能

自由是马克思主义所追求的人的解放旨趣，"从束缚中解放出来"，摆脱奴役、限制，使"人的世界即各种关系回归于人自身"，即否定"被侮辱、被奴役、被遗弃和被蔑视的东西的一切关系"，重新回归到对人的肯定中来。自由在康德那里是人思想体系"整个建筑的拱顶石"。自由要素作为主体性精神个人层面的核心价值，推动着人的自我超越。主体性精神的自由价值引领功能主要体现在以下几个方面：其一，主体性的自由是形式自由与实质自由的统一。形式自由包括抽象的形式自由和具体的形式自由。抽象的形式自由表达出人思维的空间，具有一定的意义，但是偏执的、不受限制的、任意而为的

---

① 《马克思恩格斯文集》第 1 卷，人民出版社 2009 年版，第 195 页。

绝对自由观毕竟不是根本的追求目的，恰恰相反，主体性精神追求的自由是与限制同时出现，因打破限制获得的实质自由，即人追求的目的在于认识到具体的形式自由，通过自信、自主、自律、自为达到真正的实质自由。因此，主体性精神成的自由价值引领着人抛弃抽象形式自由的幻想，积极地实现着人从形式自由到实质自由。其二，自由的获得不是单子式的孤立的完全个体内因所导致的结果。内因是主要的，但是离不开外因的作用。正如，在自我超越的形成机理中除了问题压力机理、实践推动机理、积累升华机理之外，还需要有外因需要激励机理、参照影响机理，更何况实践推动本身就具有社会性。作为自我超越的自由要素亦是如此。因此，主体性精神的自由价值引领着人由个体自由走向群体自由和共同体自由。其三，它是真、善、美的统一。真是表征人对客观事物及其规律的正确反映，不能反映事物之真，人的自由只会是虚幻的抽象形式自由而非具体的形式自由；善是人把自身的需要和目的运用到对象上去，赋予实然对象以应然意义的活动，以期达到人的实质自由；美是合目的与合规律的统一，人不断打破各种限制实现着实质自由的过程，也就是人推进自我完善、创造完美人生的过程。因此，自由的价值引领着人走向真、善、美的过程。最后，自由是具有未来指向性的价值信念系统，它不断地指引着人走向未来。主体性精神的自由是在动态的活动中实现的，不是天赋的自由观，它是主体在自觉、自主、自信、自为、自律、自省的活动中获得的、生成的。同时，它也不是一劳永逸的，实质自由的获得随着人的发展的推进又会出现新的矛盾和问题限制着人的继续发展，需要人重新开始着从形式自由到实质自由的过程。因此，主体性精神成为人们指引走向未来的希望。

三　认知建构功能

主体性精神是人追求生存和发展感受到的来自现实的束缚和压力，这个感受可以是直接处于这种现实的束缚或限制之中，也可以是这种境况还没有出现，但是在不远的将来极有可能出现，人能够意会到，感同身受。这就使得人对限制的超越有了问题的情景性，它逼迫着人在一定时限内要加以超越，否则就会给自己的生存和发展带来限制或束缚。因此，自我超越过程的认知具备了与个体生存和发展相关的意义和目的，不仅仅是纯粹地追求客观知识之真，而且还带着个人追求合目的性之善和美，使得知识除了普遍性之外，还具有了独特的个性成分。进而，就会出现同样是对真理的表述，不同的人理解的层次和深刻性具有差异，这就使得自我超越的知识从一开始就具有个体自我的建构性。同样，人只能在直接碰到的、既定的、已有认识的基础上的超越。所以，人的超越活动只能在现有认识和条件基础上推进的现实可能性的超越。同时，超越意味着对固有现状的改变，必然引发新的认识。因此，超越活动的认知是在原有认知基础上推进着人对生存和发展向度的认知，这就使得每一个人的认知领域、深度、宽度都有着自主选择性的不同，也由此推进着知识的建构。最后，经过自律、自为的践行，人有了丰富的感性认识，但人不仅如此，由于人意识的反身性，人在改造世界中改造自身，人在反思自省中修正原有的认识，同时在进行着理性的建构活动。毛泽东说，认识的第二步是“综合感觉的材料加以整理和改造，属于概念、判断和推理的阶段”①。因此，人可以进一步开展反思的理性认识，通过概念进行推导，并且主动地建构未来的多种可能性，并在意识当中作出最优化的未来图景设计。而这个未来可能的建构是否正确，又要回到现实当中加以检验，然后在递进的循环之中建构自己有意义的认知体系。因此，主体性精神具有认知建构的功能。

① 《毛泽东选集》第1卷，人民出版社1991年版，第290页。

第二章

主体性精神的理论依据与思想借鉴

开展主体性精神的理论建构需要对其理论依据与思想借鉴进行客观、深入的探究。从理论形成与发展的角度看，主体性精神在理论上得益于马克思主义经典作家主体性理论的开拓。从对比分析角度看，中国传统哲学思想以及西方哲学思想中的主体性相关思想为主体性精神理论的阐述提供了宝贵的借鉴资源。

第一节　主体性精神及其形成的理论依据

马克思主义经典作家有着丰富的主体性相关思想，对主体性精神理论的建构具有奠基作用。马克思主义关于人的能动观为主体性精神提供了理论前提；马克思“现实的个人”观为主体性精神提供了理论出发点；马克思主义以改造世界为目的的实践旨趣为主体性精神提供了理论方向；马克思主义自由观为主体性精神提供了价值的归宿；马克思主义质量互变规律为主体性精神的形成机理提供了理论来源。

一　马克思主义人的能动观

马克思指出：“一方面具有自然力、生命力，是能动的自然存在物；这些力量作为天赋和才能、作为欲望存在于人身上；另一方面，人作为自然的、肉体的、感性的、对象性的存在物，同动植物一样，是受动的、受制约的和受限制的存在物。”[①] 可见，在马克思那里，人的能动性与受动、受限制性，二者不可分离地统一于人的现实存在之中。离开了受动、受限制单方面言能动就必然造成能动的无限放大，不言能动谈限制又会走入机械唯物主义的怪圈。在旧唯物主义费尔巴哈那里，“只有感到痛苦的实体才是必然的实体”，“没有痛苦的实体是一种没有根据的实体”[②]。在德文中受动、受限制“leiden”就意味着痛苦之意。显然，费尔巴哈已经深刻认识到人是受动、受限制的存在，但是却没有说清楚这种限制与人的能动性的关系。而唯心主义却恰恰相反，撇开了人的受限制性来谈能动性，变成了一种无所不能的夸大。马克思把人的这种受动、受限制与能动性通过实践统一起来。所以马克思说：“正是在改造对象世界的过程中，人才真正地证明自己是类存在物。这种生产是人的能动的类生活。”[③] 这就是说，人只有在对对象物的限制的对象化活动中，才能确证自己是“能动的类生活”。因此，受动、受限制是人不断增长着的“本质力量”（能动性）的“发源地”，具有了根源与基础的意蕴。然而，人能动地“改造对象世界”才是最终的目的——“他的现实”。

马克思关于人受限制和能动性的思想突出的特点就是强调感性的受限制性和能动性的范围性。马克思指出：“说一个东西是感性的，是说它是受动的。因此，人作为对象性的、感性的存在物，是一个受动的存在物；因为它感到自己是受动的，所以是一个有激情的存在物。激情、热情是人强烈追求自己的对象的本质力量。”[④] 这就是说，人的存在状态就是受到外界不依赖于人的存在的事物限制了人的欲望、人的需求，即限制着人的生存和发展，这种关系能够使人被动地

① 《马克思恩格斯文集》第1卷，人民出版社2009年版，第209页。

② ［德］费尔巴哈：《费尔巴哈哲学著作选集》上卷，荣振华、李金山译，商务印书馆1984年版，第91页。

③ 《马克思恩格斯文集》第1卷，人民出版社2009年版，第163页。

④ 同上书，第211页。

感受到，使人产生出强烈地追求对象的本质力量。但是，这种力量总是处于一定的时空中，客观世界所能允许的范围内。在 1852 年发表的《路易·波拿巴的雾月十八日》中，马克思指出，人们创造自己的历史“是在直接碰到的、既定的、从过去承继下来的条件下创造”[①]。马克思在论述生产力发展水平对自由的制约时指出：“人们每次都不是在他们关于人的理想所决定和所容许的范围之内，而是在现有的生产力所决定和所容许的范围之内取得自由的。”[②] 因而，人的能动性是受各种客观的条件限制下的主体性，不是随心所欲的，是相对的主体能动性。所以，人们只有认清主体能动性是有限制的，才能正确地发挥好能动性。

马克思主义经典作家进一步丰富了马克思的受限制的能动性思想。列宁认为：“‘客观世界’‘走它自己的路’，人的实践面对这个客观世界，在‘实现’目的时会遇到‘困难’，甚至会碰到‘无法解决的问题’……”[③] 关于这种限制的具体情形，毛泽东进一步指出：“从事变革现实的人们，常常受着许多的限制，不但常常受着科学条件和技术条件的限制，而且也受着客观过程的发展及其表现程度的限制（客观过程的方面及本质尚未充分暴露）。”[④] 但是马克思主义者不是机械的唯物主义者，承认客观的限制并不是要屈服于这种限制。列宁指出：“人的意识不仅反映客观世界，并且创造客观世界。”[⑤] 毛泽东对人的能动性也作了精辟的概述，他在《论持久战》中指出：“思想等等是主观的东西，做或行动是主观见之于客观的东西，都是人类特殊的能动性。这种能动性，我们名之曰‘自觉的能动性’，是人之所以区别于物的特点。”[⑥] 他们都强调了客观世界、客观事实对于人的先在地位，决定了

① 《马克思恩格斯文集》第 2 卷，人民出版社 2009 年版，第 470—471 页。

② 《马克思恩格斯全集》第 3 卷，人民出版社 1960 年版，第 507 页。

③ 《列宁全集》第 55 卷，人民出版社 2017 年版，第 184 页。

④ 《毛泽东选集》第 1 卷，人民出版社 1991 年版，第 294 页。

⑤ 《列宁全集》第 55 卷，人民出版社 2017 年版，第 182 页。

⑥ 《毛泽东选集》第 2 卷，人民出版社 1991 年版，第 477 页。

人及其实践必定要受到客观条件与规律的限制与制约，这是能动性所面临的前提，而人的能动性，又决定了他并不是客观世界的奴隶，他能够认识客观世界和改造客观世界，使之为人的目的服务。

马克思主义关于人的受动性、受限制性是人超越的基本前提，由此生发出的人的超越。马克思主义关于人的能动性并不是一般意义上人对外界的刺激反应的生物学意义上的理解。它体现的是人对客观事物及其规律的认识和改造，创造属人的世界，其实质就是人对受限制的超越。

二 马克思“现实的个人”观

在马克思之前，德国哲学家们对作为主体的人有过深入探讨，但都是从抽象的意义上考察人。黑格尔从客观唯心主义的立场上考察人，无论人类的整体还是个体，在他看来都不过是“绝对精神”的工具。因此，黑格尔的人不过是被抽象地思想出来的和通过抽象而被产生出来的人，这种不是从现实的个人出发，而是从抽象者头脑里的抽象概念出发产生的作为纯粹的“自我意识”存在的人，必然不是现实生活中的人，而是虚幻的个人。费尔巴哈虽然揭穿了黑格尔抽象个人的虚幻性，然而，他把人看作以自然为基础的“感性对象”，而不是“感性活动”，因为他“从来没有看到真实存在着的、活动的人，而是停留在抽象的‘人’上，并且仅仅限于在感情范围内承认‘现实的、单独的、肉体的人’”①。结果，人在他那里仍然是抽象的。青年黑格尔派施蒂纳认为费尔巴哈以感性代替黑格尔的精神，只不过是一种简单的概念颠倒。他提出了“唯一者”，“唯一者”之外的任何事物都是非现实的、虚幻的，“对我来说，我是高于一切的”。对此，马克思指出，在施蒂纳那里，“‘人’只是概念、观念的另一个

① 《马克思恩格斯全集》第 3 卷，人民出版社 1960 年版，第 50 页。

名称而已”①。现实的人离开了社会的极端“唯我论”只不过是抽象的概念。

关于“主体”概念，马克思的表述是随着语境的不同而变化的，但是，从根本上和总体上看，“现实的个人”始终是马克思所把握着的真正的主体。与以往的思想家们不同，马克思既没有从人的自然本性出发，也没有孤立、片面地从静止的人出发，更没有从单纯的人本身出发，而是着眼于人生存的现实性，从个人与社会的相互关系中把个人看作“现实中的个人，也就是说，这些个人是从事活动的，进行物质生产的，因而是在一定的物质的、不受他们任意支配的界限、前提和条件下活动着的”②。现实的人“是处在现实的、可以通过经验观察到的、在一定条件下进行的发展过程中的人”③。现实的人最为根本的规定在于：他不是想象的结果，而是在不断地从事着感性的物质生产活动，因而是不断生成着的个人。现实的人使马克思的主体思想有了清晰明确的归属，其意义之大不言而喻。

三　马克思主义自由观

自由是马克思主体观中的一个重要的概念，因为他的理论旨趣在于实现人的自由与解放。虽然他并没有对其给出一个具体的界定，但在许多文章当中他都论及了与自由相关的话题。透过这些思想的阐述，我们可以对他的自由观进行大致的理解。

首先，人的存在状态要受到客观事物的限制，即限制着人的生存和发展，这种关系能够使人被动地感受到，但是人又是具有特殊生命力的意识的能动的存在物，这种存在必然使人与对象物发生对象性的关系，在对象化活动中使得自在之物变成为我之物，使人超越限制或

① 《马克思恩格斯全集》第3卷，人民出版社1960年版，第332页。

② 《马克思恩格斯文集》第1卷，人民出版社2009年版，第524页。

③ 同上书，第525页。

束缚获得自由，也就意味着人的解放。马克思说：“任何解放都是使人的世界即各种关系回归于人自身。”① 由此，我们也可以说获得自由就是通过对人的否定的限制或束缚的超越，重新回归于对人的肯定的关系中来，超越“被侮辱、被奴役、被遗弃和被蔑视的东西的一切关系”，以实现实质自由为归宿。

其次，个人自由离不开社会。与大多数西方思想家仅仅从个人与社会对立角度出发表达观点不同，马克思思想中总是从个人与社会相联系与统一的角度来思考问题。对他来说，人的本质在于社会性，孤立、单子式的个人难以独自取得自由。他的这种思想在其各个时期的著作中都有体现。比如，在早期的著作中，马克思把劳动看作一种自由自觉的活动，而劳动本身就是一种社会性活动。在成熟期作品中，马克思认为：“在真正的共同体的条件下，各个人在自己的联合中并通过这种联合获得自己的自由。”② 也就是说，实现人的自由，需要以“真正的共同体”代替“虚幻的共同体”，在社会性的活动中消除人类生产自发性，取得个人的自由。

再次，从实践来理解人作为主体的自由。马克思认为：“思想要得到实现，就要有使用实践力量的人。”③ 他把人的“实践力量”看作实现自由的基础，这就揭示了自由的根本来源，科学说明了实践对于人在认识和改造世界中获得自由具有决定性意义。马克思在《神圣家族》中指出，“人不是由于具有避免某种事物发生的消极力量，而是由于具有表现本身的真正个性的积极力量才是自由的”④。这就是说，人因为具有表现出本质力量才能获得自由，自由不是天然的，而是人为积极创造的，是在实践活动中实现的。在论述人的劳动必然会面临障碍时马克思指出：“克服这种障碍本身，就是自由的实现，而

① 《马克思恩格斯文集》第1卷，人民出版社2009年版，第46页。
② 同上书，第571页。
③ 同上书，第320页。
④ 同上书，第335页。

且进一步说，外在目的失掉了单纯外在自然必然性的外观，被看做个人自己提出的目的，因而被看做自我实现，主体的对象化，也就是实在的自由。”[①] 可见人通过劳动的实践克服了障碍，贯彻了带有必然性的自我意志，人才会有真正的自由——实在的自由。

最后，自由的获得离不开理性认识。恩格斯在《反杜林论》中指出：“自由不在于幻想中摆脱自然规律而独立，而在于认识这些规律，从而能够有计划地使自然规律为一定的目的服务。”[②] 这里表明，自由就是以对必然性的认识为自己的内容和根据，对必然的认识愈充分、正确，人们对事物的批判和行动就愈自由。也就是说，对于自由而言，自由不仅仅在于认识客观必然性，更为重要的是必须进一步使自然规律为自己的目的服务，依据对客观规律的认识有效地改造自然界和人类社会。因为恩格斯曾指出：“全部哲学，特别是近代哲学的重大的基本问题，是思维和存在的关系问题。”[③] 这就意味着要获得自由首要的是要认识存在的客观规律。无疑，恩格斯深化了马克思关于客观规律的认识与自由的关系，强调了实现自由的客观性，维护了唯物主义，反对唯心主义的自由观，但他所说的认识客观规律是自由实现的必要条件而非充分条件。继承了他们的看法，毛泽东更进一步把它高度凝练成一句话：“‘自由是必然的认识和世界的改造’——这是马克思主义的命题。”[④] 毛泽东把自由明确界定为两个不可分割的部分，深刻认识到了知行统一对实质自由的重要意义。

四　马克思主义实践观

马克思在《关于费尔巴哈的提纲》中说旧唯物主义是“对对象、现实、感性，只是从客体的或者直观的形式去理解，而不是把它们当

---

① 《马克思恩格斯文集》第 8 卷，人民出版社 2009 年版，第 174 页。
② 《马克思恩格斯文集》第 9 卷，人民出版社 2009 年版，第 120 页。
③ 《马克思恩格斯文集》第 4 卷，人民出版社 2009 年版，第 277 页。
④ 《毛泽东文集》第 2 卷，人民出版社 1993 年版，第 344 页。

做感性的人的活动，当做实践去理解，不是从主体方面去理解”[①]。在此，马克思明确地把实践看作人的感性活动、对象性活动，批评一切旧唯物主义对事物、现实只从“客体的或者直观的形式去理解”，费尔巴哈试图“研究跟思想客体确实不同的感性客体”，但是他只从“客体的或者直观的形式去理解”，根本不了解实践是“革命的实践活动”。马克思正是立足科学的实践观，把唯物主义和辩证法融合于认识过程，把能动性和受动性统一起来，从而同一切旧哲学泾渭分明。毛泽东继承和发展了马克思的思想，他指出：实践是人们“根据一定的思想、理论、计划、方案以从事于变革客观现实”的活动。[②]按照毛泽东的说法，实践是“主观见之于客观的活动”。[③]因此，毛泽东明确地揭示了实践概念中的目的与人的活动的统一关系。

马克思主义的实践观是感性的实践观。马克思指出：“没有自然界，没有感性的外部世界，工人就什么也不能创造。”[④]马克思把实践看作不同于理性的感性活动。这一思想在他的著作中都有体现。在《1844年经济学哲学手稿》中，实践与“理论”相对应，如：“人是类存在物，不仅因为人在实践上和理论上都把类——他自身的类以及其他物的类——当做自己的对象。”[⑤]在《关于费尔巴哈的提纲》中，实践仍然与思维相对应，而可以与感性活动概念互用。比如他说：“人的思维是否具有客观的真理性，这不是一个理论的问题，而是一个实践的问题。”[⑥]显然，这里的实践是有别于理论对应的感性活动，被看作理论思维的现实化。马克思为什么会在感性活动的意义上来使用实践？主要是因为与马克思同时代的康德、费希特、黑格尔等人沉迷于抽象的唯心主义，所以马克思一再凸显与思维、理论相对的实践

① 《马克思恩格斯文集》第1卷，人民出版社2009年版，第499页。
② 《毛泽东选集》第1卷，人民出版社1991年版，第295页。
③ 《毛泽东选集》第2卷，人民出版社1991年版，第477页。
④ 《马克思恩格斯全集》第42卷，人民出版社1979年版，第92页。
⑤ 《马克思恩格斯文集》第1卷，人民出版社2009年版，第161页。
⑥ 同上书，第500页。

的地位，其目的是要否定唯心主义，回归现实。从实践唯物主义的观点看来，真理问题也不能囿于抽象思辨的理论、认识领域加以解决，而必须诉诸人的能动性的实践活动。马克思说：“哲学家们只是用不同的方式解释世界，问题在于改变世界。”① 这一名言道出了马克思主义同此前一切旧哲学的一个本质区别。在马克思看来，解释世界当然是重要的，但改变世界才是哲学的根本目的。针对旧唯物主义者不能辩证地解决环境的改变和人的改变的关系，马克思指出：“环境的改变和人的活动的一致，只能被看做是并合理地理解为变革的实践。”②

马克思主义的实践观是对象性的实践观。马克思指出：“它是对象性的本质力量的主体性，因此这些本质力量的活动也必定是对象性的活动。”③ 马克思不仅肯定人是“自然存在物”，更重要的是，“对象性的存在物”——人的本质力量的活动也必然是对象性的活动。人把自身的本质力量化为“感性的对象”，“创造对象世界”，通过人与对象的现实的关系，才能表现和确证自己的本质力量，才能成为主体的人。马克思说：“一切对象对他来说也就成为他自身的对象化，成为确证和实现他的个性的对象，成为他的对象，这就是说，对象成为他自身。”④ 这就是说，人只有在对象化中才能表现它的本质力量，对人形成一种肯定。

马克思重视实践，但并没有要贬低理性认识的重要性。只是对于马克思那个时代，盛行的唯理性论予以批判，树立起理性来源于感性的实践活动，理性最终是为实践服务的这一观念。理性和实践两者都是人类要实现自由的重要方面，只是两者相比较而言马克思主义者更强调实践的重要意义，实践是理性的重要来源，理性认识最终要回到

① 《马克思恩格斯文集》第1卷，人民出版社2009年版，第502页。

② 同上书，第504页。

③ 同上书，第209页。

④ 同上书，第191页。

现实中来。由此，也就自然包含了理性和感性实践的统一的思想。毛泽东发展了这一思想，他总结道："实践和认识之每一循环的内容，都比较地进到了高一级的程度。这就是辩证唯物论的全部认识论，这就是辩证唯物论的知行统一观。"① 坚持理论与实践的统一，在实践中总结经验，提升对经验的理性认识，并运用它指导实践，这是马克思主义应有的理论旨趣。马克思坚持实践的立场，把实践理解成为"革命的实践"，因为在他看来，理论的最终目的和归宿在于确立现实物质世界的此岸性，而不是为了追求"先验自我"与"绝对精神"的超验性。作为现实的人一方面要受制于客观世界；另一方面又要通过能动的实践活动"改变世界"，在解决现实问题当中，实现对客观束缚的超越，即人的解放与自由，这正如马克思所说："思想要得到实现，就要有使用实践力量的人。"②

五 质量互变规律

量变是一种非根本性的变化，体现事物数量上的增减，而质变是事物根本性的变化，即事物由一种质态突变、飞跃到另一种质态。事物的不断发展总是表现为量变引发为质变，使旧事物转化为新事物，同时又在新事物的基础上发生着量变。质变与量变二者是辩证统一的，没有量变就不可能产生出质变，量变是质变的基础与准备，同时质变又是量变的发展趋势与结果，为新的量变开拓着道路。马克思主义经典作家在唯物主义的基础上阐释了质量互变规律，并且运用质量互变规律去解决现实的问题，从而在理论与实践上证明了质量互变作为事物发展规律的正确性。在现实当中人们要不断超越客观事物对其的限制或束缚以获得生存与发展，从根本上来说仍然是质变与量变相统一规律的体现，因此，质量互变规律为主体性精神的形成机理提供

① 《毛泽东选集》第1卷，人民出版社1991年版，第296—297页。
② 《马克思恩格斯文集》第1卷，人民出版社2009年版，第320页。

了理论依据的来源。

马克思在《资本论》中为了说明手工业者要转变成为资本家时必须满足一个前提条件，就是生产上预付的最低额要大大超过中世纪的最高限额，因此，他说："单纯的量的变化到一定点时就转变为质的区别。"① 在这里马克思区分了事物质与量的不同和它们的转化关系。恩格斯说，"没有有关物体的量的变化，是不可能改变这个物体的质的。"② 恩格斯阐述了量变是质变的前提与基础，同时他又强调质变对于事物发展的重要性。他说："尽管会有种种渐进性，但是从一种运动形式转变到另一种运动形式，总是一种飞跃，一种决定性的转折。"③ 这种飞跃代表着事物的新质，实现着事物发展中的超越与转折。列宁同样强调了事物发展中质变的重要性，他说："没有飞跃，渐进性就什么也说明不了。"④ 在说明欧洲工人运动时他认为："如果没有'飞跃'，这个单个的因素便丝毫不能改变总的局面，不能触动资本的统治。"⑤

毛泽东丰富和发展了马克思主义质量互变规律的理论。他在《矛盾论》中批判了形而上学或庸俗进化论把事物变化看作"只是数量的增减和场所的变更"的观点。他认为事物不仅有"数量的变化"，而且有"性质的变化"两种状态，外因只是事物变化的条件，而内因才是事物变化的根据，外因通过内因起作用，矛盾存在于两种变化之中，但只有通过"第二种状态"才能"达到矛盾的解决"⑥。在1959年《读苏联〈政治经济学教科书〉的谈话》中他认为，量变中包含有部分的质变，质变中也有量变，而工作要进入最后质变的飞跃，必须发挥主观能动性，促进大量的量变和许多部分的质变，最后

① 《马克思恩格斯文集》第5卷，人民出版社2009年版，第358页。
② 《马克思恩格斯文集》第9卷，人民出版社2009年版，第464页。
③ 同上书，第71页。
④ 《列宁全集》第55卷，人民出版社2017年版，第103页。
⑤ 《列宁全集》第20卷，人民出版社2017年版，第64页。
⑥ 《毛泽东选集》第1卷，人民出版社1991年版，第332—333页。

的质变才会到来。① 这就告诉我们，从量变到质变是一个必须付出积极努力才能够实现的过程，而且它是不断地阶段性推进的过程。他说，事物的发展总是由一个阶段到另一个阶段不断推进的过程，要承认每一阶段都是有“边”的，否认阶段性的“边”，就等于否定了质变或部分质变。同时，对于事物的发展方式他认为应是波浪式前进，螺旋式上升，而不是简单的直线式发展。② 改革开放的总设计师邓小平运用马克思主义的质量互变规律指导中国特色社会主义现代化事业的发展，他创造性地提出了“三步走”的发展战略、“台阶式”的发展思路（抓住机遇，过几年上一个台阶）、速度与效益相统一的发展模式、允许和鼓励“一部分人和一部分地区先富起来”逐步实现共同富裕的发展路径，这进一步丰富了马克思主义的质量互变规律思想。

第二节　主体性精神的思想借鉴

中国传统哲学文化中儒、释、道的超越思想，为主体性精神理论建构提供了宝贵的借鉴资源；西方哲学思想中自我、超越等主体性精神相关思想的梳理，为构建马克思主义自我超越观提供了对照的材料。

一　中国传统哲学主体性精神相关思想借鉴

我国传统哲学思想的发展中孕育着丰富的主体性精神的思想，表现出中华民族特有的超越品质。透过中国儒、释、道的主要代表人物的思想，主体性主要体现在积极进取的自我超越精神以及它的目标与实现、重要原则与重要方法上。

---

① 《毛泽东文集》第 8 卷，人民出版社 1999 年版，第 107 页。

② 同上书，第 108 页。

（一）传统哲学中主体性精神自我进取观

中国传统哲学思想中强调自我在积极进取和超越中的作用。儒家孔子说“为仁由己”（《论语·颜渊》），“仁远乎哉，我欲仁，斯仁至矣”（《论语·述而》）。中国传统儒家思想中深信，人性中具备了超越的一切要素与可能，因而“为仁由己”，由此形成向内探求，才是超越之路，其基本精神是“求诸己”。孔子强调说：“君子求诸己，小人求诸人。”（《论语·卫灵公》）君子“不怨天，不尤人”（《论语·宪问》），“躬自厚而薄责于人”（《论语·卫灵公》）。孟子认为，每个人通过自己的努力都可以实现“人皆可以为尧、舜”（《孟子·告子下》）的目的。道家老子说：“胜人者有力，自胜者强。”（《老子》）能够战胜自己软弱和弱点的人就是强者，老子突出强调了超越中主体自我的强大力量。中国佛教强调“众生悉有佛性”。对于佛性如何求，禅宗佛祖慧能说：“佛向性中作，莫向身外求。”（《坛经·疑问品》）他认为每个人成佛工夫只在自己的心性，不假外求。

中国传统哲学中包含着自我积极进取的思想观和价值观。刚健有为、自强不息就是自我积极进取的经典性表述，《易传》说：“君子以自强不息。”（《易传·象传》）人的活动应刚健有为、自强不息。“盖西伯拘而演《周易》；仲尼厄而作《春秋》；屈原放逐，乃赋《离骚》；左丘失明，厥有《国语》；孙子膑脚，《兵法》修列；不韦迁蜀，世传《吕览》；韩非囚秦，《说难》、《孤愤》；《诗》三百篇，大抵圣贤发愤之所为作也。”（《史记·太史公自序》）这段有名的史记语段记载了优秀历史人物的刚健有为、自强不息的行为。人只有发挥好自身内因的力量才能改变命运，改造自然，成为主人。荀子提出了“人定胜天”的思想，“从天而颂之，孰与制天命而用之！”（《荀子·天论》）荀子从儒家的“畏天命”转化为“制天命”的思想，以人胜天，使人成为自然界的主人，包含着积极的主体超越意识。

中华民族刚健有为、自强不息的精神根源于事物运动变化的哲学思想。中国古代辩证法认为，天地万物都在不断变化，新陈代谢，日趋更新。《易传》认为宇宙间最根本的规律就是阴阳对立面的交互作用、互相转化："一阴一阳谓之道。"（《易传·系辞上》）正是在阴阳对立面的推动之下强调事物发生变化，"日新之谓盛德，生生之谓易"（《易传·系辞上》），"易穷则变，变则通，通则久。"（《易传·系辞下》）宋代张载认为："日新者，久无穷也"（《正蒙·大易》）王安石认为"天道尚变"，人亦应"顺天而效之"。明清之际的王夫之认为："太虚者，本动者也。"（《周易外传·卷六》）自然是永恒运动的过程。"天地之德不易，而天地之化日新"（《思问录·外篇》），动静之中，动是根本，静是运动的特殊形式，主张"更新而趋时"（《思问录·内篇》）。《周易》认为的"天行健，君子以自强不息"（《周易·乾象》），就意味着天体运行，健动不止，生生不已，人的活动乃是效法天，故应刚健有为、自强不息。《礼记·大学》中称赞"苟日新，日日新，又日新"的思想，体现出中国优秀传统文化催人积极进取的超越精神。孔子就是体现了这种文化思想的典范，"知其不可为而为之"（《论语·宪问》），"发愤忘食，乐以忘忧，不知老之将至云尔"（《论语·述而》）。

（二）传统哲学中主体性精神的目标与实现

"内圣外王"在中国儒家传统哲学中是人生理想不断超越的实现目标。梁启超说："儒家千言万语，各种法门，都不外归结到这一点。"[①] 在孔子那里，"内圣外王"要成为的人是圣人与君子，"圣人，吾不得而见之矣；得见君子者，斯可矣"（《论语·述而》）。孔子不满足于此，他把自己修养成为圣人、君子的人生经历具体归结出六个不同的阶段："吾十有五而有志于学，三十而立，四十而不惑，五十而知天命，六十而耳顺，七十而从心所欲，不逾矩。"（《论语·为政》）孔子以"圣人"理想，给世人以追求目标，又以"君子"理想人生经历供人参照，这就是孔子的智慧。在孔子思想的基础上，孟子

① 梁启超：《梁启超谈儒学》，华中师范大学出版社2010年版，第4页。

将“仁人君子”概念置换为“大丈夫”，即“富贵不能淫，贫贱不能移，威武不能屈，此之谓大丈夫。”（《孟子·滕文公下》）“内圣外王”的人生理想境界，激励儒家知识分子积极“入世”在人生成就上追求着目标，用“立德”“立功”“立言”“成仁”“成圣”等来实现着生命的超越，其中最为杰出的是宋朝张载的思想：“为天地立心，为生民立命，为往圣继绝学，为万世开太平。”（《张载集·张子语录》）

儒家的“内圣外王”之学起始于孔子。“子路问君子。子曰：‘修己以敬。’曰：‘如斯而已乎？’曰：‘修己以安人。’曰：‘如斯而已乎？’曰：‘修己以安百姓，尧舜其犹病诸。’”（《论语·宪问》）修己即内圣工夫，以具备圣人之德；安人、安百姓则是施德于天下的内圣功能，即所谓“外王”。这说明，在孔子看来一个人追求“内圣”，还必须兼施“外王”之政；“外王”之政也有助于更好地“内圣”，二者的有机统一，才是人们所应自我超越的目标。对于“内圣外王”的实现步骤和具体途径，《大学》认为有八个：“物格而后知至，知至而后意诚，意诚而后心正，心正而后身修，身修而后家齐，家齐而后国治，国治而后天下平。自天子以至于庶人，壹是皆以修身为本。其本乱而末治者，否矣。”（《礼记·大学》）其基本的形成思维逻辑就是：“知止而后有定，定而后能静，静而后能安，安而后能虑，虑而后能得。”（《礼记·大学》）根本的思想就是修身外化，对此朱熹指出：“须是格物、致知、诚意、正心、修身而推之以齐家、治国，可以平治天下，方是正当学问。”（《语类·卷一零八》）也就是说前面五个步骤是“内圣”之道为体，后面三个是“外王”之道为用，这是由内向外的转化过程，也是个人价值到社会价值、内在价值到外在价值不断深化的过程。而贯穿其间、起决定作用的则是自我的“修身”，“修身”开出了“内圣外王”的超越之道，因此“自天子以至于庶人，壹是以修身为本”。

传统主体性精神自我超越是个积累磨炼的过程。老子说：“合抱之木，生于毫末；九层之台，起于累土；千里之行，始于足下。”（《道德经》）荀子说：“故不积跬步，无以至千里；不积小流，无以成江海。骐骥一跃，不能十步；驽马十驾，功在不舍。”（《荀子·劝学》）自我超越的实现也是一个磨炼的过程。孔子认为：“士不可以不弘毅，任重而道远。仁以为己任，不亦重乎？死而后已，不亦远乎？”（《论语·泰伯》）他认为弘毅是任重而道远的过程，也就是对人磨炼的过程。朱熹说：“弘，宽广也；毅，强忍也。非弘不能胜其重，非毅无以致其远。”（《论语集注》）孟子说：“生于忧患而死于安乐”，主张在艰苦的环境中磨炼意志，他说：“天将降大任于斯人也，必先苦其心志，劳其筋骨，饿其体肤，空乏其身，行拂乱其所为，所以动心忍性，增益其所不能。”（《孟子·告子下》）他强调了磨炼在人的自我超越发展中的重要性。

（三）传统哲学中主体性精神的重要原则

中国古代思想家强调知行互动原则，把自己的思想身体力行，付诸行动，不断把自己修养到“无我”的境界。“知”关涉知识论或认识论，而“行”则关涉实践论。在中国哲学思想中，“知”离不开“行”，“行”也离不开“知”。中国哲学思想家往往把“知”和“行”相提并论，以“知”为楔入点，以“行”为归宿点。孔子说，“学而时习之”（《论语·学而》），“听其言而观其行”（《论语·公冶长》）、“君子耻其言而过其行”（《论语·宪问》）等就表达出这种知行统一的观点。荀子系统地说明闻、见、知、行的关系，提出行高于知：“不闻不若闻之，闻之不若见之，见之不若知之，知之不若行之，学至于行之而止矣。行之，明也，明之为圣人。”（《荀子·儒效》）荀子采取层层推进的论达方式，表达出知的目的是为了行。对于知行的具体关系宋元明清时期，程颐首先提出了“知先行后”说：“人力行，先须要知，非特行难，知亦难也。”（《二程遗书·卷十八》）“君子以识为本，行次之。”（《二程遗书·卷二十五》）朱熹强调“以知为本”“知先行后”“论轻重，行为重”。朱熹认为：“知、行常相须，如目无足不行，足无目不见。”（《朱子语类·卷九》）二者紧密联系缺一不可，而且“知之愈明，则行之愈笃；行之愈笃，则知之益明”（《朱子语类·卷十四》），二者相互促进。就重要性来说，“行为重”，但就先后来说，则“知为先”。王阳明提出“知是行的主意，行是知的工夫；知是行之始，行是知之成”（《传习录·上卷》）。又说“知之真切笃实处即是行，行之明觉精察处即是知。知行工夫，本不可离。只为后世学者分作两截用功，失却知行本体，故有合一并进之说”（《传习录·卷中》）。明清之际的思想家王夫之提出了“行先知后”说。他说：“且夫知也者，固以行为功者也；行也者，不以知为功者也。行焉可以得知之效也，知焉未可得行之效也。”（《尚书引义·卷三》）这就是说行可以检验知，也是知取得效果的关键。在此基础上，他认为：“知行终始不相离”，“相资以互用”，“并进而有功”。孙中山认为，辛亥革命后一些革命党人所以对革命“信仰不笃，奉行不力”，提出了“知难行易”说，“行之非艰，而知之惟艰”（《孙文学说》），认为从行到知、又从知到行以获“真知”是艰难的历程，以此鼓励革命党人“既知之”革命真理应“无所畏而乐于行”（《孙文学说》）。在荀子、程颐、朱熹、王阳明和王夫之、孙中山的知行观中，我们可以知道他们各自强调的侧面虽有所不同，但把价值理想现实化，实践出来，而且从自我修养做起，落实在自己的行为上，是值得肯定的。

诚是人的主观意识对世界本体的符合，追求的是“天人合一”的最高超越境界。《中庸》说：“诚者物之终始，不诚无物。”这就是说，诚是一个客观规律贯穿事物的始终，本体的东西。朱熹以“诚”为天理之本然：“诚者，真实无妄之谓，天理之本然也。”（《四书章句集注》）王夫之认为：“夫诚者，实有者也，前有所始，后有所终也。”（《尚书引义·说命上》）这就是说，诚是真实的、客观的，不是虚假任意的规律。从这可以看出传统文化中“诚”不仅仅是通常所理解的道德层面上的诚实之义，还有本体论的意蕴。《礼记》说：“所谓诚其意者，毋自欺也。……此谓诚于中，形于外。故君子必慎其独也。”《礼记·大学》说：“诚者，自诚也。”这句话，除了可以理解成君子应该道德上诚实之外，还可以理解成君子要求真、求实，并按照“真”、“实”要求做到“慎独”不自欺。孟子提出：“诚者，天之道也；思诚者，人之道也。至诚而不动者，未之有也；不诚，未有能动者也。”（《孟子·离娄上》）这就是说，诚是合乎规律的客观本体的事物，人要努力认识到事物的存在并按照事物的客观规律行事，人才会有成就。《中庸》说：“诚者，天之道也；诚之者，人之道也。”“择善而固守之”，可达“至诚”之圣境，“诚则明矣，明则诚矣。唯天下至诚，为能尽其性；能尽其性，则能尽人之性；能尽人之性，则能尽物之性；能尽物之性，则可以赞天地之化育；可以赞天地之化育，则可以与天地参矣”（《礼记·中庸》）。“诚”首先是“天之道”，人根据这个道的要求，选择合乎目的的“善”予以坚持，尽其性，才能赞化出新的事物，实现天人合一的境界。荀子说：“天地为大矣，不诚则不能化万物；圣人为知矣，不诚则不能化万民；父子为亲矣，不诚则疏；君上为尊矣，不诚则卑。夫诚者，君子之所守也，而政事之本也。”（《荀子·不苟》）荀子从反面论证着遵守“诚”的规律重要性。二程认为：“至诚则动，动则变，变则化。”（《通书·拟议》）也就是说，人要推动事物发生变化就必须遵守“诚”的要求（《大学》）。周敦颐说：“诚者，圣人之本。大哉乾元，万物资始，诚之源也。”（《通书·诚上》）“诚，五常之本，百行之源也。”（《通书·诚下》）他以诚源于乾元之健行不息，说明成为圣人根源于诚，诚是儒家仁义礼智信的根本要求。张载也认为“诚”为人道与天道一致：“天人异用，不足以言诚……所谓诚明者，性与天道不见乎小大之别也。”（《正蒙·诚明》）张载论证的只有合乎诚的要求才能达到天人合一境界。

中国古代学者强调立志是人生超越的重要原则。孔子曰：“三军可夺帅也，匹夫不可夺志也。”（《论语·子罕》）就是说，每个人都要立志。孔子认为，一个人应该要有目标和理想的志向。他自称“吾十有五而志于学”，又说“志于道”“博学而笃志”等。孟子说，“夫志，气之帅也；气，体之充也。夫志至焉，气次焉；故曰：‘持其志，无暴其气’”（《孟子·公孙丑上》）。他认为，人的志向统帅着人的意气（精神状态），有什么样的志向就会有着什么样的精神状态。孟子说：“我善养吾浩然之气”，“其为气也，至大至刚”，“其为气也，配义与道”（《孟子·公孙丑上》）。浩然之气，是浩荡伟大磅礴之气，是至大至刚的正直之气，这种浩然之气与义、道相配而行，人无此气充塞就会心虚气馁。树立远大志向，养足自己的精神状态，就会有助于自己所从事的事业——“道”和“义”。诸葛亮认为：“非学无以广才，非志无以成学。”（《诫子书》），他表达出了立志对于成才的重要性。儒家立志强调要追求高远的志向目标。张载指出：“学者大不宜志小气轻。志小则易足，易足则无由进。”（《经学理窟·学大原下》）在张载看来，志小容易实现、容易满足，这样就会影响进取超越。儒家的立志强调要专一、坚定。孟子说：“不专心致志，则不得也。”（《孟子·告子上》）他充分地表达出人要对自己志向的坚定性的是：“居天下之广居，立天下之正位，行天下之大道；……富贵不能淫，贫贱不能移，威武不能屈。”（《孟子·滕文公下》）荀子说：“无冥冥之志者，无昭昭之明；无惛惛之事者，无赫赫之功。”（《荀子·劝学》）这就是说，人有精诚专一的志向，才会有判断之明，有所成就。张载说：“有志于学者，都更不论气之美恶，只看志如何。‘匹夫不可夺志也’，惟患学者不能坚勇。”（《张子语录·语录中》）王守仁认为：“立志而圣则圣矣。”（《教条示龙场诸生·立志》）王夫之说：“情专志壹，气亦至焉，而后耳目口体一听令于心之所之，有力而不惮用，用而不诡其施也。”（《读四书大全说·卷四》）

（四）传统哲学中主体性精神的重要修养方法

内省是中国传统文化中提倡的自我超越的最重要修养方法。《论语》上记载曾子的话：“吾日三省吾身”（《论语·学而》），说的是对内省的重视。孔子说：“见贤思齐焉，见不贤而内自省也。”（《论语·里仁》)“已矣乎，吾未见能见其过而内自讼者也。”(《论语·公冶长》)就是孔子所表达的对内省的思想。荀子强调博学还要反省，才能明智行为无过：“君子博学而日参省乎己，则知明而行无过矣。”(《荀子·劝学》)内省的精神是强调修养的自觉性，也包括了自觉向他人学习的内容，这是应该提倡和发扬的。内省就是自我反思的意思，反思是智慧的来源。从某种意义上说，他人眼中的你只是他人的，反映的是一个方面，而且往往还是表层的东西。而自我深层意识中的东西却是含而不露的，因而，唯有自我通过理性地反省才可能获得这种隐藏在内心世界的意识。因此，中国古代思想家总是强调“内省”“自求”“反求诸己”的缘由所在。心学的创始人陆九渊把理与心等同，提出“心即是理”的命题，认为“人皆有是心，心皆具是理，心即理也”(《与李宰书》)。由此认为：“宇宙便是吾心，吾心即是宇宙”(《陆九渊集·杂说》)，心乃是宇宙的本原。并在认识论和道德修养方法上提出“自存本心”“发明本心”、反省内求的主张。王守仁发挥陆九渊的“心即理”说，认为吾心的本体便是天理，故“心外无理”。他断言“物理不外于吾心，外吾心而求物理，无物理矣”(《传习录·卷中》)，又认为心之所发便是意，意之所在便是物，所以“心外无物”，进而解物为事，又得出“心外无事”的结论。他认为神化自心，“心者，天地万物之主也”，“言心则天地万物皆举之矣”(《王阳明集·卷六》)。王阳明虽重视意识的能动性，但却是意识唯我论，颠倒了意识与存在的关系。他发挥孟子的良知说，创“致良知”说，认为良知既是人人天赋的“本然之知”，也是人人先天固有的判断是非、识别善恶的天然准则。良知人人同具，但因常为“人欲”障蔽，必须下“致”的工夫，才能使之显露。把致良知看作为学和修养的唯一途径。他以致良知解释“格物致知”，认为“致吾心良知之天理于事事物物”，使“事事物物皆得其理”便是致知格物(《传习录·卷中》)。而致“良知”的根本方法就是时时处处自觉地“省察克治”，清除人欲。道家庄子是继老子之后把“道”看作世界的本原，从道自然无为出发，认为真正的超越有限，超越功利和是非之上的绝对自由的境界的修养方法是“心斋”“坐忘”。佛教以“人生的本质是痛苦”来否认生命的实在性，而人生在世的苦难源自内心的五毒“贪、嗔、痴、慢、疑”，这其中又以前三者为主要，简称“三毒”——“贪、嗔、痴”。佛教为使人们摆脱精神上的苦难，给出了“戒、定、慧”的修养方法。《楞严经》说：“摄心为戒，因戒生定，因定发慧。”（《楞严经·卷六》）禅宗更强调“定”和“慧”的修炼，慧能提出“定慧双生”，他说：“定慧一体，不是二。定是慧体，慧是定用。即慧之时定在慧，即定之时慧在定。若识此义，即是定慧等学。”（《六祖坛经·定慧品》）

（五）启示与借鉴

中国传统哲学思想，历史悠久，在世界哲学史上具有独特地位，与西方传统哲学思想不同的是，中国传统哲学思想更加突出人的问题，哲学的精神实质作为一种人生存和发展的智慧，帮助着人们在现实世界的困难中，寻找着人的生存意义和价值归宿，成为中华文明历经磨难而不衰的思想根源。本节通过对中国传统儒、释、道哲学思想中主体性精神的大致梳理，可以看出其涵养了丰富的自我超越思想，“为仁由己”“自胜者强”“君子以自强不息”等观点，在不断变化的外部世界中奠定着自我发展作为主体的地位，为人的自我发展提供着责无旁贷的精神支撑，催人奋进。三派中“内圣外王”的人生理想目标，“知行合一”修为原则，“内自省”的致知方法等，彰显着中国传统哲学内外统一的超越之道。这些深刻的道理为主体性精神及其培养的理论建构提供了丰富的可资借鉴的宝贵思想素材。

二　西方哲学主体性精神相关思想借鉴

（一）古希腊的主体性精神思想

古代希腊哲学家研究本体论作为重心，关注世界的本源。智者学派普罗泰戈拉提出的“人是万物的尺度”①，标志着人要超越客观事物束缚的思想觉醒。这个命题中他明确提出了处于主客体的关系之中的人是能够把握住客体而成为主体。苏格拉底认为哲学的首要任务是“认识你自己”，体现出他把个体自我作为认识世界的出发点的思想。柏拉图把“超自然的精神世界”当作世界的本原，认为感性世界的具体事物是变化的，只有理念才是永恒的、真实的，个别事物的形成在于它分有了理念。因此，他推崇理性贬低人的欲望，认为人必须让理性统治灵魂、借助于激情抑制欲望，以达到美好的善的理念，也就意味着人的自我超越就是要达到理性之善。亚里士多德把主体认为是一种作用、关系和状态等的承担本体，虽然他已经明确了主体要有一个实体作为承担者，但他并没有区分出主体和本体的差别，把主体归结到了超验的本体。他认为物体都可以区别为“质料”和“形式”，“质料”只有得到某种“形式”（物质予以精神）才能变成物质。质料是消极被动的，形式是积极主动的。形式作用于质料才产生现实的物体，才产生运动，追求形式是目的。对于一个人来说，正像“质料”和“形式”对于一个物体一样，两者不可分割。他把灵魂分为理性和非理性两种。理性包括思维、理解、判断等方面，非理性灵魂主要包括本能、情感、欲望等方面。他把身体部分叫作植物灵魂，理智灵魂最高级，植物灵魂最低级，用理性支配自己的行为才是最好的。伊壁鸠鲁提出重量是原子作垂直下降运动的原因，由于重量的不同，在直线下降运动中有些原子发生自动偏离，与其他原子相撞、结合，从而形成万物。他克服了德谟克利特原子唯物论只承认必然性的不足，为人的自我超越的可能提供了朴素的哲学思想。虽然古希腊提出了主体思想，但总体上是把某种具有超验的理性作为主体。这意味着人的主体性精神只有按照理念世界的要求，才可以达到理念之善的

① 北京大学哲学系外国哲学史教研室编译：《西方哲学原著选读》（上卷），商务印书馆1981年版，第54页。

超越目的。

（二）中世纪主体性精神思想

在基督教神学的思想统治下，欧洲中世纪思想家通常以上帝的视域来解说人的超越。在中世纪哲学主要是经院哲学，哲学没有自己相对独立的内容，只是论证宗教信仰的工具，哲学成为神学的“婢女”。在经院哲学里，上帝是超验的存在，上帝全知、全能，是万物的创造者。许多经院哲学家都主张禁欲，宣称只有忍受现状、忍受苦难才能赎清“原罪”，进入天堂。奥古斯丁认为，信仰先于理性。上帝是唯一的造物主，是无限和永恒超存在的精神实体，自然知识不能认识上帝真理，只有信仰知识才能认识上帝真理，信仰和热爱上帝作为人的最高标准是摆脱人“原罪”的唯一出路。托马斯·阿奎那认为，在现实世界之上，还有一个超现实的世界。他运用哲学方法论证上帝之存在不仅是真理，而且是最高和第一真理，是一切存在的“总形式”和“终极目的”。这意味着人要实现自身的终极超越的目的，只有信仰上帝才是根本的途径，使人的超越堕落到超验之中。

（三）近代西方哲学的主体性精神

西方近代哲学中，主体性精神的思想在认识论中发展。这一时期，随着生产力的发展和文艺复兴思想的传播，哲学的中心话题由古希腊时期“对世界统一性问题”的追问转变为对“思想的客观性问题”的思索，由对上帝的绝对信仰转向属人的世俗世界，主张追求现实生活的自由幸福。主体思想在这一时期得到了充分的发展和极大的弘扬，这些思想中普遍包含着关于人的自我超越的认识。

培根主张科学文化的“伟大复兴”，提出“知识就是力量”。也就是说，人要实现超越，做自然的主人，就必须要拥有客观规律的知识。贝克莱认为观念都是主观的，离不开感知它们的心灵，于是得出“存在就是被感知”的命题。这虽然是主观唯心主义的思想，但是对主体的人而言强调感知对认识事物和改造事物的重要性的方面应该予以肯定。斯宾诺莎提出“自由是对必然的认识”，人要靠理性的能动去认识事物的必然，才能成为自己行动的主人。其实质就是从认识论上对人的自由作出限定。

笛卡儿为反对经院哲学的权威，提出“怀疑一切”，主张对所有的知识都要放在理性面前考察，因此由怀疑出发，他推论出“我思故我在”的命题。他认为世界上存在物质实体和精神实体，“我”只是不依赖于肉体而独立存在的精神实体，两种实体相互独立，互不干涉。这对于人而言就会陷入了“身心平行论”的二元结构。在笛卡儿贬低感性认识，认为人是理性灵魂的机器，而对理性来源只能提出“天赋观念论”来解释。虽然笛卡儿陷入唯理论的错误之中，但是他的命题“我思故我在”使近代哲学的思想第一次转到“自我”，主体和客体成为对立面，从而开启了主客二分的思维方式。不过，“我思考，我存在”的笛卡儿式思维并没有科学说明理性的来源和理性如何转化为现实的人的超越。

康德完成了近代西方哲学“哥白尼式的革命”，提出了“理性为自然立法”，使人作为主体处在了中心地位。这无疑取得了巨大进步，实现了从机械被动的认识论到以人为中心的主客体统一的能动认识论的转向，从主体的角度来看，为主体人的超越在认识论上提供了自信，但是人作为主体不仅仅是靠理性，同时人的主体性是要通过实践超越客观限制来表现、确证和发展的。

黑格尔将主体性思想推向了极致。他认为世界本原是“绝对理念”，“实体即主体”，精神实体既有客观性，又有能动性，从而实现了实体性与主体性的辩证统一。“黑格尔认为主体先于世界，并派生世界的绝对观念和世界精神，他没有区分真正现实的、感性的人和现实的感性活动本身。”① 但是黑格尔哲学提供了空前丰富和系统的辩

① 郝连儒：《高校思想政治教育主体性研究》，博士学位论文，大连理工大学，2014年，第7页。

证法思想。如主体与客体、个别和一般、有限和无限、本质与现象、内容与形式、可能与现实、自由与必然等对立统一的辩证法思想，客观上为人的自我超越提供辩证法上的思想支撑。不过黑格尔的辩证法发展的主体不是人或者物质而是一种精神实体。

费希特从自我出发构造了三个基本命题。其一，“自我设定自己本身”，即“自我”是不依赖外物自行规定的第一性的东西。其二，“自我”设定非我，世界上一切事物都是自我产生的依赖于“自我”的“非我”。其三，“自我”设定与“非我”的统一。他片面夸大了“自我”的能动性，忽视客观实在与规律为第一性的“自我”只能是一种抽象的“自我”，实质上还是一种抽象的本体论，只不过与古希腊外在本体论相比进步的是这种本体已由外界移入了人本身，使“自我”意识具有了能动性。

（四）现代西方哲学主体性精神的思想

现代西方哲学思想更多地转向了人的内心结构，“在这一时期，人的心理体验和非理性的直觉以及个性、生命和本能成为分析的焦点”[①]。

1. 唯意志主义超越思想

唯意志论把意志看成世界的本原。叔本华用“意志”取代康德的“自在之物”，宣称它是世界的“内在涵蕴和本质”，生命可见的世界、现象只是意志的镜子。人的本质就是自我生存的意志的冲动，它永远向前达不到满足，因此总是陷入痛苦，为了解脱痛苦要求助于哲学、艺术、宗教。尼采吸纳和发展了叔本华的唯意志主义，抛弃了其中的悲观主义成分，宣言“权力意志”。尼采认为，权力意志不再是一种盲目的本能的求生冲动，而是渴望“权力”、渴望“自我超越”的意志。他认为，超人是具有权力意志的强者，是高于人类的新型个人，“人类不是目的，超人才是目的”[②]。尽管叔本华、尼采的学说有

---

① 邓纯余：《思想政治教育超越论》，博士学位论文，武汉大学，2012 年，第 68 页。

② ［德］尼采：《权力意志》，张念东译，商务印书馆 1991 年版，第 137 页。

着极大的思想局限性，但他们关于人具有自我超越的本性应该给予肯定，只不过这种超越是建立在形式的非理性的意志上的超越，与费希特的本体“自我”其实是一脉相承的。

2. 生命本体的超越思想

以柏格森、居友、狄尔泰为代表的生命哲学，从人的生命本能、冲动和内心的自觉经验出发，建立一种超越式的生命哲学思想。生命哲学反对黑格尔的绝对理性主义和唯物主义的因果决定论与科学万能论，认为生命是最真实、最直接的实在，生命本质上是一种非理性的本能冲动和心理体验，是一种活生生的创造力量。狄尔泰认为，生命不是实体而是活力，是一种不可遏制的永恒冲动。历史本质上是人的生命活动，“历史只是从整个人类的角度把握的生命，它构成了一种整体关系，只有通过生命各个部分对于整体的理解所具有的意义范畴才是可理解的”[①]。柏格森认为生命是意识之绵延，是一种创造和进化，其发展过程有两个方向即向上喷发和向下坠落，前者产生一切生命形式，后者产生一切无生命的物质。他提倡自觉，认为自觉是高级的认识形式，是对生命的直接领域，真正的科学也必须以自觉的真理为依据。居里的生命哲学，以生命为唯一的道德本体，道德现象仅仅是生命力的外向生殖的结果，道德的主体性不仅体现在行动与意志的自由支配上，而且也体现在对行为价值评价的绝对权力支配上；它是生命活力的自我超越；是生命主体行为对外在的规范、义务和评价的超越；是生命无意识本能对理性的超越。

3. 存在主义超越思想

存在主义把目光聚焦于人的存在，主要代表人物以丹麦的克尔凯郭尔，德国的雅斯贝尔斯、海德格尔，法国的萨特等人为显著。他们认为，人生活在无意义的世界之中，唯有尊重人的自由与个性，人才可以在存在的基础上得以自我超越。

---

① 张汝伦：《现代西方哲学十五讲》，北京大学出版社 2004 年版，第 85 页。

存在主义的创始人，丹麦著名哲学家索伦·克尔凯郭尔认为，真实的生活不是抽象、普遍的概念体系，而是具体的、特殊的“个人”，“孤独的个人”才是现实存在的状态。与当时的主流观念不同，他把思想的关注点由普遍的理性转向了个体，而“自我是无限与有限的有意识之综合，这综合与其自身发生关联，它的任务是只通过与上帝的关系而成为它自身”[①]。他继承了基督教的信仰思想，认为“上帝”代表着最高“存在”的超越领域，宗教信仰使个人进入了与“无限者”的无限关系，“孤独的个人”愈是趋近于“上帝”就愈是走向了无限与永恒。克尔凯郭尔把生活比作“一杯苦酒”，如何解脱“个人”的生活之苦，却没有在现实当中展开生活本有的意义，而是到“上帝”那里去寻找精神的超越与寄托。

德国存在主义哲学家雅斯贝尔斯，以存在与超越为主题构建了生命存在的“大全”论，以多学科的触角阐释着人的生存，处在生存状态的人面临不确定和可能性，他必须超越自身，朝向超越而存在。他认为：“作为本质自身、作为研究者的认识对象，人是未完成的存在，人永远敞开着。”[②] 这就是说，人的本质不是给定的，是一个不断超越的过程，向未来敞开。但在他那里所谓超越存在就是“上帝”，即绝对的现实性。雅斯贝尔斯的哲学思想尽管对人的生存选择具有启发意义，但他主张“有神论的存在主义”，上帝作为一种超越的终极存在，是人生存和自由的源泉思想并不能根本消解人的存在困境，寻找到现实的自我超越之路。

德国存在主义哲学家海德格尔认为，生命是最广意义上的客观化，是创造性的塑造和成就，是从自身放逐出去，是向自身赶超，是

① ［丹］索伦·克尔凯郭尔：《致死的疾病》，张祥龙等译，中国工人出版社 1997 年版，第 24 页。

② 金寿铁：《心灵的界限：雅斯贝尔斯精神病理学研究》，吉林人民出版社 2005 年版，第 232 页。

诸如“在此—存在”体验之类的东西。[1] 他认为，在此不是存在的本质，“存在绝对是超越”，正如从任何远远近近的东西来看，空间性的切近之敞开状态都超逾了任何远远近近的东西，存在就是澄明本身[2]。他认为人的存在就是“烦”和“沉沦”，烦是烦忙和烦神之意，沉沦是混迹于世界。他还提出人生的真谛是“畏”与“无”，“畏”是逃避，“无”是“不”，是对整个世界的超越，带有着虚无主义的色彩。海德格尔的思想反映着自我超越的人生过程，但离开具体的社会实践的创造，超越也就会变成先验自我的神秘反思，落入存在的虚无之中。

法国哲学家萨特认为，“当意识成为一个超越对象的意识时，它就意识到自我”[3]，自我成为一种反思的意识，没有反思就不会显现出来。他认为：“行动拥有一些关节、环节。与这些环节相应的，是主动的具体意识，而向着意识的反思在直观中领会完整的行动，这种直观把行动表现为主动意识的超越整体。”[4] 显然，萨特已经意识到人的超越离不开主动反思。萨特把存在分为“自在的存在”和“自为的存在”。前者指人所面对的客观世界，是没有生气的令人讨厌的，后者指人的意识（精神），是生机勃勃的不断自我否定的。根据他的“存在先于本质”命题，他认为，人是自己选择、自己造就，自己承担责任，是绝对自由的，“他人即地狱”的观点。萨特没有区分任意思维的广泛性与现实选择的条件性，使选择的绝对自由变成一种主观的自由，同时绝对自由也无法解脱他在理论上的虚无与忧虑。

4. 新黑格尔主义的主体性精神思想

新黑格尔主义继承了黑格尔的“观念辩证法”，强调从人的意识

---

① ［德］海德格尔：《路标》，孙周兴译，商务印书馆2014年版，第18页。

② 同上书，第400页。

③ ［法］让-保尔·萨特：《自我的超越性：一种现象学描述初探》，杜小真译，商务印书馆2010年版，第9页。

④ 同上书，第26页。

出发，把人类的行为看作一种意识的“自我实现”的过程。格林认为，人具有一种持续的“自我更新的潜在性”，这使他不断地追求和实现“更好的存在”的愿望，达到“自我成熟”。这样理解它们，一方面，意味着人的一种自我凸显和自我追求的意识，由此之故，人们不会像他为他的过去所决定和将要为他的将来所决定一样，给自己以特定的限制；另一方面，自我凸显与自我追求的意识把他自己置于更好状态的热望之中，这种状态还尚未得到，意识带着激情，在一种特别的意义上使他成为他所应是的存在，创造他自己的历史，他的现在依赖于他的过去。因此，正是在这个范围内，他的将来也依赖于他的现在和他的过去，通过这种意识，依赖于他内在设定的方向，在这个方向中，他是自我决定的，他是他自己的主人。格林从自我完善中，洞察到支配这一过程的内在动因——自我意识的超越性。他认为，每一个主体都可以设想他自己并使他的生活更好地作为他自身的目的。这是一种“自我成熟”“自我完善”，但是对于如何把理想目的与现实统一起来的问题，格林并没有说清楚，最后不得不把“自我完善”的目标归结到“理性是最高的善”。布拉德雷认为，道德的基本目的只能是自我实现。所谓自我实现，绝不是任何单个人的欲望满足，也不是他一己的实现，而是作为一个“整体自我”。他认为个人的目的的自我实现要从属于人类的整体目的，只有在整体自我中，个体有限的追求目的才能获得无限的意义，因此只有“成为整体中的一员”，才能真正地自我实现。显然，布拉德雷已经意识到了个人的发展与社会发展的统一性，但是他的自我实现始终是一种意志的行为，这种“善良意志”如何发展出与社会的统一性并没有说清楚，以致遭到西方实用主义者的攻击。

5. 弗洛伊德主义超我与人本主义心理学自我实现

弗洛伊德认为，人的心灵包含三个基本领域：本我、自我和超我。本我的核心是“力比多”，自我是自我意识，超我是人性和人格中高级的道德层次“良心”的我。他认为：“从本能控制的观点来看，从道德的观点来说，可以说本我是完全非道德的；自我力求是道德的；超我能成为超道德的”[1]，“超我是一切道德限制的代表，是追求完美的冲动或人类生活的较高尚行动的主体”[2]。从心理学上讲，弗洛伊德的“超我”要表现的是一种理性与道德的力量，是一种抽象意义上的“自我理想与良心”，是一种心理的超越过程，它遵循的基本原则是“理想原则”。弗洛伊德从生理学的角度肯定了遵循“理想原则”超我的存在，但他突出的是道德上的超我，更多的意义是遵从社会要求的超我，而非自我创造的超我。

“自我实现”这一术语由戈尔茨坦首创，马斯洛给予它内涵的丰富和限定，归结起来包括以下三个方面：一是，“自我完成的欲望”。在他看来自我实现的欲望是人的一种类本能，这种需要是一种人性的善而不是恶，只有如此“许多似是而非的问题就会迎刃而解”。二是，“人的潜力”。它是人未来发展的潜在能力、天赋能力。三是，“独特的那个人”。人的自我实现动机就是获得个性发展，“成为他能够成为的一切”。马斯洛强调自我实现的超越性是由于基本需要的满足释放出的自我实现，不是基本需要匮乏的情况之下的自我实现。即使有例外，“正是那些坚强、健康、自主的人最能经受住爱和声望的损失。然而在我们的社会中，这种坚强和健康通常是由于安全、爱、归属和自尊的需要在早年长期得到满足的结果”[3]。马斯洛更多地强调基本需要满足的社会给予性而不是自我主动超越的获得性。他说：“既然一个基本需要满足匮乏的人应该被看做病人，既然这种基本需要的满足的匮乏是个人之外的力量造成的，那么个人的疾病完全来源于社会。因此，我们也可以这样来看良好的社会或健康的社会：良好

① ［奥］弗洛伊德：《弗洛伊德后期著作选》，林尘等译，上海译文出版社2005年版，第204页。

② ［奥］弗洛伊德：《精神分析引论新编》，高觉敷译，商务印书馆1987年版，第52页。

③ ［美］亚伯拉罕·马斯洛：《动机与人格》，许金声译，中国人民大学出版社2012年版，第41页。

的社会或健康的社会，就是通过满足其成员的所有基本需要来促使他们最高目的出现的社会。”[①] 马斯洛认为的自我实现是人本身具有的、自发的，他认为：“一个人可以通过满足层次更低的优先动机努力向自我实现接近。这样他就是在有意识地、有目的地寻求自发性。因此，在人发展的最高水平上，像其他许多心理学上的二元对立一样，应对性和表达性的对立被解决了、超越了，努力变成了通向非努力的道路。”[②] 马斯洛的自我实现就是一个人力求变成他想变成的样子，即“成为你自己”。他说：“更真正地成了他自己，更完善地实现了他的潜能，更接近他的存在核心，成了更完善的人。”[③] 他的自我实现更多的不是来自生存和发展的现实困境，而是一种个人自我的自由设计和选择，不考虑外界的要求和实际的一种不受限制的“自由意志”，排斥客观规律和现实的有限的约束性的选择空间。马斯洛认为：“人的成长过程就是自我实现的过程。实现的过程既有文化的维度，也有心理学的维度。一方面，人种所特有的人体潜能是由家庭、教育、环境和文化塑造的；另一方面，它们又是由人自己决定的，受其选择、意志和决策所影响，是由萨特所称的主观设计之类的东西决定的。”[④] 他强调，“一个合作的社会必须创造条件，鼓励似本能的人性得以自由表现，更重要的是它必须允许人类有机体通过主观选择积极地实现自己”[⑤]。马斯洛人的类本能是精神、意识上的“自我实现”。因此，在马斯洛后期发展出超个人主义心理学。这一学派认为，人不仅有“自我实现”的潜能，还有超越自我的倾向，通过超越自我的沉思获得美好的意识体验。因此，我们不难理解它是“西方理性主义

---

① ［美］亚伯拉罕·马斯洛：《动机与人格》，许金声译，中国人民大学出版社 2012 年版，第 40 页。

② 同上书，第 86 页。

③ ［美］马斯洛：《存在心理学探索》，李文湉译，云南人民出版社 1987 年版，第 88 页。

④ 车文博：《人本主义心理学元理论》，首都师范大学出版社 2010 年版，第 57 页。

⑤ 同上书，第 57—58 页。

与东方神秘主义相结合的产物”[①]。可见马斯洛自我实现理论发展出的超个人心理学最终走在了“超验”的路径上，以求达到马斯洛自我实现理论中的“人的高峰体验”。

6. 借鉴与思考

西方思想文化当中的主体性精神中包含着丰富的自我超越思想。古希腊人的超越是对理念世界、第一实体的认识之真，使人达到超验的本体论世界；中世纪人的超越是信仰和走向上帝的世界；文艺复兴时期，笛卡儿发现了主体“自我”，人的超越要求回归到人的世俗化世界，关注人的自由与价值；近现代哲学、心理学、人类学等都关注了人的生存、存在，将主体自我与超越思想更紧密地联系在一起。这个变化体现出人由关注超验世界和神的虚幻世界转向了人自身的世界；由关注本体世界到关注人的生存和生命的世俗世界；由关注静态的人的本质到动态的人面向未来存在的本质；由关注整体的人类向个体的自我转变。西方思想文化界的这一系列的转变充分说明了：人不满足于被客观世界的束缚或限制，人要谋求更好的生存和发展，成为自然、社会和自身关系的主人，这个主人的根本特性体现出的是它面向未来的不断超越，这即是人的主体性核心精神自我的超越。自我的超越对于人类如此，个体亦是如此，这才使人真正具有了主体性。

西方思想家关注主体与关注自我的一致性，关注主体性与关注自我超越的一致性。从文艺复兴开启的人类现代化的文明过程就是个体化的过程。自我与主体、主体性紧密相连，一直走到现时代，自我始终是主体的出发点。从笛卡儿的“我思故我在”到马斯洛的“自我实现”，都说明了这一点。现代化的持续推进，任何否定或者消解自我的存在，并不能达到好的效果，而且常常是事与愿违，只能使之越来越明晰。但是，必须正视的是西方的自我从一开始就是意识自我、主观自我的实体，这就容易导致自我成为一个自足、自因封闭的自

① 车文博：《人本主义心理学元理论》，首都师范大学出版社2010年版，第211页。

我、中心的自我。虽然西方哲学摆脱了理念世界、第一实体、神的世界的纠缠，走向属于人的世界，确立了自我，但是他们又掉进了自己设定的自足、自因的认识“自我”的实体之中，只不过与古希腊、中世纪哲学不同的是，这个实体已由外界转向成为人的意识“自我”来规定存在，诸如费希特的自我三原则，马斯洛的自我实现，萨特的绝对自由，皆是如此。究其缘由是因西方哲学总有把寻找第一实体作为目标，贬低现象界的思维习惯，借助于超感觉和超理性的思维方式去建构他们的思想体系。在这种绝对自我观之下，容易导致“绝对自由”“他人是敌人”的观念。这是因为没有区分好在自我意识领域的无限可能与现实真实世界的可能性却是在有限的客观规律允许的范围内的选择。人不能因噎废食，贺来说“‘价值主体’：‘主体性’不可消解的维度”①，面对生存和发展的责任与权利自我、实践自我，人们无法遮蔽，否则，就会导致人的沉沦。马克思认为人的本质是在实践基础上的“自由自觉的活动”，因此，回到自我必须要对原有“自我”进行改造，使之成为现实的生存和发展的责任与权利自我、实践自我，不断自我超越与扬弃的自我，最终是“自我”从小我走向社会大我。

西方现代文化思想发生了大的转变，由关注人的认识的求真到关注人的生存与发展的求善、求美，强调人的价值与追求。透过叔本华和尼采对“意志”的强调，柏格森对“生命冲动”的迷恋，弗洛伊德对“本能”的揭示，布洛赫对“希望”的执着，存在主义对“此在”的阐释，哲学人类学对“未特定化的发现”，等等，虽然在观点上彼此冲突，但本质上都是以直接或间接的方式，以隐含或夸张的方式揭示人的本质的超越性和生成性。这种思想的形成显然与人在近现代的自觉有密切的关系。超越是过程也是结果，精神上的超越只能是形式上的超越，要真正实现人的自由与解放的目的，形式的超越必须

① 贺来：《“主体性”的当代哲学视域》，北京师范大学出版社2013年版，第51页。

要回到马克思强调的实践中来，切中现实问题的超越，以实现实质的超越，这才是超越的真实目的，而不是像雅斯贝尔斯等人退回到上帝世界去寻找“上帝高于存在”的超越。正如马克思所说：“问题在于改变世界。”① 因此，回归了实践意味着由形式的主体性精神走向了实质的主体性精神的道路，实现真、善、美的统一，也是合目的性与合规律性的统一。

① 《马克思恩格斯文集》第1卷，人民出版社2009年版，第502页。

第三章

大学生主体性精神现状透视及原因分析

要真正说明大学生主体性精神培育是高校立德树人教育的内在要求，除了对其基本理论进行梳理分析外，还有一个重要的依据，那就是要对我国大学生主体性精神现状进行分析。如果说主体性精神的特征、要素、形成机理等是大学生主体性精神培养的理论基础，那么，大学生主体性精神现状主流、存在的问题和原因分析，则是大学生主体性精神具体培育目标、原则、方法和路径的现实基础。

第一节　大学生主体性精神的现状透视

当代大学生是生长在经济转变与社会变迁的时代大变革的背景下，社会稳定、经济繁荣、文化多样、科技发达的环境中，他们身上彰显着鲜明的时代特征。针对他们的主体性精神状况，有些人担忧地用“垮掉的一代”来形容。那么，到底当代大学生的主体性精神状况是如何呢？笔者认为应该全面、整体地对大学生的主体性精神状况进行分析。

一　大学生思想状况主流积极向上

（一）大学生理想信念坚定，积极追求进步

大学生主流的理想信念坚定，积极追求进步。2013 年万美容等

学者通过对湖北省十几所在校本科生的调查显示：赞同“马克思主义对我国现代化建设仍然具有根本指导作用”的学生占到59.8%，认为“共产主义一定能实现”的学生占40.5%。[①] 2015年沈壮海、王迎迎通过对全国35所高校进行年度调查表明：选择“应当牢固树立中国特色社会主义共同理想”的学生占86.0%；选择“实现民族复兴必须坚持中国特色社会主义道路”的学生占87.2%；选择“中国特色社会主义理论体系是我国现代化建设的理论指南”的学生占87.8%；选择“中国特色社会主义制度具有独特优势”的学生占86.9%。在关于是否有明确的人生理想的问题中调查显示，91.6%的大学生有明确人生理想，仅8.4%的学生认为“没有”。[②]

2015年段立国对大学生人生观与人生追求调查得出：认同“人生梦想是国家梦、民族梦和个人梦的有机统一”的大学生占到82.8%，不赞同的仅有4.8%。[③] 2016年2—3月，由中共北京市委教育工委组织对北京14所高校开展问卷调查与座谈，结果显示93%以上的学生赞同“没有理想信念，理想信念不坚定，精神上就会缺‘钙’”。[④] 2016年全国大学生思想政治状况滚动调查表明：“大学生对中国特色社会主义道路自信、理论自信、制度自信进一步坚定，对党和国家的未来充满信心。广大高校学生衷心拥护党的领导，拥护社会主义制度，对全面建成小康社会和实现中华民族伟大复兴的中国梦充满信心和期待。”[⑤] 追求进步，积极要求入党的学生人数在逐年增

---

① 万美容等：《湖北省“90后”大学生思想行为特点实证分析报告》，《学校党建与思想教育》2013年第10期。

② 沈壮海、王迎迎：《2015年度大学生思想政治及其教育状况调查分析》，《中国高等教育》2016年第8期。

③ 段立国：《大学生人生观与人生追求调查分析》，《思想教育研究》2015年第11期。

④ 中共北京市委教育工委宣教处：《2016年首都大学生思想政治状况滚动调查报告》，《北京教育（德育）》2016年第5期。

⑤ 教育部全国大学生思想政治教育发展研究中心：《2016年大学生思想政治状况滚动调查表明大学生思想主流积极健康、向上向好》，2016年5月31日，http://www.moe.edu.cn/jyb_xwfb/gzdt_gzdt/s5987/201605/t20160531_247095.html。

加，2015 年的数据表明，愿意加入中国共产党的大学生占到 78.7%（2014 年为 78.0%），其入党动机主要为“追求理想信念”（26.9%）、“为国家和社会作出更多的贡献”（23.0%）、“对党的执政地位和执政理念有信心”（14.6%）。[①] 这些调查数据说明，我国大学生主流有理想、有信念，追求国家梦、民族梦和个人梦的有机统一，他们获取知识的同时在政治上积极追求进步。

（二）人生态度积极向上，有强烈的进取心

大学生主流思想向上，积极进取的意愿非常强烈，能清楚地认识到自我生存与发展的责任。2012 年 2—3 月，按照教育部统一部署，中共北京市委教育工委组织 13 所高校对大学生的思想政治状况进行了深入调查，大学生认同“青年是祖国的未来、民族的希望，也是我们党的未来和希望”的达到 93.10%。[②] 2013 年万美容等学者对大学生的调查显示：认同“喜欢接受新事物，迎接新挑战”的大学生比例占到 74.4%；赞同“时常能体验到幸福”的学生占 69.3%；认为“遇到再大的困难也不会想不开，活着最重要”的学生占 84.4%。对于实现人生目标的途径，66.3% 的人选择“个人能力和自我奋斗”，17.9% 的人选择“诚信等良好品质”，而希望靠“家庭背景、社会关系”“个人机遇”实现人生目标的人仅占 6.6% 和 3.7%。[③] 2015 年沈壮海等的大学生年度调查结果显示：不认同“生死有命，富贵在天”的大学生占 84.4%，不认同“人为财死，鸟为食亡”的大学生占 83.7%，多数大学生反对“宿命论”“拜金主义”等错误的人生观。大学生主流在人生态度上乐观向上，91.4% 的人对当前的生活状况满

---

① 沈壮海、王迎迎：《2015 年度大学生思想政治状况调查分析》，《中国高等教育》2016 年第 8 期。

② 中共北京市委教育工委宣教处：《2012 年首都大学生思想政治状况滚动调查报告》，《北京教育（德育）》2012 年第 4 期。

③ 万美容等：《湖北省“90 后”大学生思想行为特点实证分析报告》，《学校党建与思想教育》2013 年第 10 期。

意，75.2%的人对未来人生发展持乐观态度。[①] 据2015年段立国的调查数据表明：不认同“生死有命，富贵在天”的大学生占64.6%，不认同“人为财死，鸟为食亡”的大学生占65.4%，不认同“人生苦短，应及时行乐”这一观点的学生占到44.8%。75.2%的大学生对自己未来的人生发展抱“非常乐观”和“比较乐观”的态度，人生“迷茫”的占到23.1%，而仅有1.6%的大学生认同“比较悲观”和“非常悲观”。[②] 2016年全国大学生思想政治状况滚动调查显示，认同“人世间的一切幸福都要靠辛勤的劳动来创造”的大学生有93.6%，认同“大学生应成为社会主义核心价值观的积极传播者和践行者”的大学生达到92.8%。在大学生群体中涌现出了许多自强不息的优秀人物，他们中的杰出代表李军的励志事迹非常感人，他曾因病两度错失关键考试，初中肄业、高中四度辍学，打工3年准备自考，坚持梦想，最后考上中南民族大学博士。[③] 从以上调查数据说明，当前大学生主流人生态度乐观向上，崇尚奋斗，具有强烈的进取心。

（三）拥有正确的人生价值取向，生活有意义

当前大学生普遍拥有正确的人生价值取向，生活有意义。根据2013年丁小丽等学者对南京市7所高校进行的大学生价值观调查显示：96.3%的大学生学习刻苦，希望通过自身努力实现人生价值；当问及“如何处理集体和个人利益关系”时，27.58%的大学生表示会以集体利益为重，60.22%的大学生赞同公私兼顾，表现出了一种比较理性的态度。[④] 据沈壮海等2014年的大学生调查数据表明：大学生

---

① 沈壮海、王迎迎：《2015年度大学生思想政治及其教育状况调查分析》，《中国高等教育》2016年第8期。

② 段立国：《大学生人生观与人生追求调查分析》，《思想教育研究》2015年第11期。

③ 《2016年大学生思想政治状况滚动调查结果公布：立志成才报效祖国》，《人民日报》2016年7月18日第9版。

④ 丁小丽等：《“90后”大学生价值观现状分析及教育对策研究》，《扬州大学学报》（高教研究版）2013年第4期。

在人生价值实现上，表现出较强的集体主义观念，重视个人价值与社会价值的有机结合，74.2%的人认同“人生价值只有在集体中才能得到更好的实现”，69.1%的人倾向于“在社会价值和个人价值之间寻找平衡”。[①] 段立国2015年的调查数据显示：“77.9%的大学生倾向于在个人价值与社会价值之间寻找平衡或明确倾向于实现社会价值，绝大部分大学生能够正确对待个人价值与社会价值的关系”；61.9%的大学生赞同“人生价值只有在集体中才能得到更好的实现”，展现了大学生主流具有强烈的集体主义观念。[②] 据沈壮海等2015年的大学生调查数据显示：认可“奉献是人生最大的快乐”的占到89.0%，不赞同“先索取，后奉献”的占到81.6%，认同“人生梦想是国家梦、民族梦和个人梦的有机统一”的占到82.8%，认同“人生价值只有在集体中才能得到更好的实现”的占到61.9%，选择在实现自我价值与实现社会价值两者之间寻找平衡的占到68.3%，91.1%的大学生愿意做公益活动的志愿者，89.0%的大学生曾参与公益活动。[③] 沈壮海等2016年的大学生调查数据显示：认同“奉献是人生最大的快乐”的学生比例是66.4%，62.6%的学生反对“先索取，后奉献”，倾向在实现个人价值与社会价值之间寻找平衡的学生占到68.4%，认同“人生价值只有在集体中才能得到更好的实现”的学生比例为61.1%。[④] 透过近些年国内学者的这些调查数据可以看出，大学生主流能够正确处理个人与集体之间的关系，乐于奉献，生活有意义。

（四）对思想政治教育认可，积极参与实践活动

当前大学生总体上对“立德树人”的“主渠道”和“主阵地”

---

① 沈壮海、段立国：《2014年度大学生思想政治状况分析——基于全国30所高校的调查》，《思想理论教育导刊》2015年第8期。

② 段立国：《大学生人生观与人生追求调查分析》，《思想教育研究》2015年第11期。

③ 沈壮海、王迎迎：《2015年度大学生思想政治及其教育状况调查分析》，《中国高等教育》2016年第8期。

④ 沈壮海、肖洋：《2016年度大学生思想政治状况调查分析》，《思想政治教育研究》2017年第1期。

的高校思想政治教育工作是认可的，在教育之下积极地参与各类实践活动。根据沈壮海等2014年的调查数据显示：认可思想政治理论课教学积极作用的大学生比例占85.0%，大学生对辅导员工作满意率占75.6%。认同社会实践活动、校园文化活动、社团活动具有积极作用的大学生分别占到71.9%、62.8%、60.6%，91.1%的学生愿意参加社会实践活动，在校期间有社会实践经历的大学生占到79.7%，加入了学生社团的大学生占到68.1%。[①] 沈壮海等2015年的调查数据显示：85.5%的大学生对当前思想政治教育开展状况认可，对思想政治理论课的开展效果与育德作用的评分分别是82.7%和89.4%，对日常思想政治教育的开展效果及其育德作用的评分是90.8%和89.0%。超过90%的大学生愿意参加社会实践，将近80%的大学生愿意参加校园文化活动，在校期间曾参加过社会实践的大学生占比为87.3%，参加过社团活动的大学生占到67.0%。[②] 2016年全国大学生思想政治状况滚动调查也表明：80%以上的学生对“辅导员工作”“思想政治理论课”表示满意，大多数学生对参与“大学生社团活动”“心理健康教育与咨询服务”“大学生社会实践活动”等表示满意。[③] 以上数据说明，我国大学生主流对高校思想政治教育持认可态度，并积极参与其中的实践活动锻炼自己。

（五）注重独立自主，个性突出

中国封建社会伦理强调的是人身依附关系，独立自主、自由竞争意识没有多大空间，封闭的专制社会，人们奉行的处世原则是“人怕出名猪怕壮”“枪打出头鸟”，在这些含蓄保守的教条影响下，人们

① 沈壮海、段立国：《2014年度大学生思想政治状况分析——基于全国30所高校的调查》，《思想理论教育导刊》2015年第8期。

② 沈壮海、王迎迎：《2015年度大学生思想政治及其教育状况调查分析》，《中国高等教育》2016年第8期。

③ 教育部全国大学生思想政治教育发展研究中心：《2016年大学生思想政治状况滚动调查表明大学生思想主流积极健康、向上向好》，2016年5月31日，http://www.moe.edu.cn/jyb_xwfb/gzdt_gzdt/s5987/201605/t20160531_247095.html。

更倾向于中规守矩，害怕因“独立”而被“孤立”，因“竞争”而伤了“和”气。市场经济下人们不得不展开竞争，独立自主、自由竞争让人体验到人的存在价值，这种思想深刻地传导到了当代大学生的心里。根据李芳的调查，当问及是否认同“我是一个独立的、与他人地位平等的人”这一观点时，选择“非常同意”的大学生占62.2%，选择比较同意的大学生占23.5%，选择“一般”的大学生占10.4%，选择“不太同意”和“不同意”的比例只占3.9%。[①] 从中，我们可以看出当前大学生随着社会的发展，独立、平等意识非常强。赵扬等人的调研报告也显示，自主性强成为当前大学生的显著特点，大学生的“思想意识更加自主”，“个性特点更加鲜明”，他们“喜欢独立地观察事物、认识事物、思考问题，更具有批判精神，注重事实，反对不加思考接受强加的说教，渴望平等讨论”。[②] 这是因为他们反映出当今时代青年群体的自主的总体特征：一方面是他们初生牛犊不怕虎，勇于开拓，敢为人先；另一方面是他们有主见，重视自主学习、自主生活、自主择业，注重充实自我、调节自我、发展自我。[③]

（六）有实事求是的科学态度、渴望创新的意向

当前大学生主流有着实事求是的科学态度，在创新的时代浪潮下他们有着强烈的创新意向。根据2014年赵扬等的调研报告显示，大学生表示赞同“不唯书、不唯上、只唯实”观点的比例高达83.10%，而持否认“不唯书、不唯上、只唯实”观点的大学生只占10.40%，另有6.50%的大学生表示“不清楚”。[④] 根据2016年居占杰、刘洛彤对大学

---

① 李芳：《当前我国高校公民素质教育研究》，博士学位论文，华中师范大学，2006年，第73—74页。

② 赵扬、张惠虹：《大学生践行“以爱国主义为核心的民族精神和以改革创新为核心的时代精神”情况调研报告》，《思想教育研究》2014年第12期。

③ 朱白薇、郑永廷：《论当代青年精神追求的基本特征》，《思想教育研究》2012年第7期。

④ 赵扬、张惠虹：《大学生践行“以爱国主义为核心的民族精神和以改革创新为核心的时代精神”情况调研报告》，《思想教育研究》2014年第12期。

生的调查报告统计，关于“你对大学生创新能力培养有何期待”的提问，认为“很渴望”的大学生占35.79%，认为“渴望”的占到49.83%，认为“没兴趣”的只有11.37%。[①] 2016年全国大学生思想政治状况滚动调查显示，随着社会创新创业热潮的兴起，大学生有迫切愿望提升自己的创新与实践能力。创新创业能力、实践能力、社会责任感连续两年被大学生认为是最需要加强培养的方面。在大学生群体中涌现出了一个个在校创业创新成功的鲜活案例。如创立公司并成功登陆“新三板”的大学生马天琛，参与了3家公司投资且资产达到2000万元的大学生杨成兴，等等。[②] 当代大学生主流思维活跃、实事求是，勇于开拓创新，不怕挫折、敢为人先，以实际行动展现着自己青春的力量。

综上所述，当代大学生的主流思想行为状况是积极向上、奋发进取的，使大学生主体性精神的培养具有良好的群体基础。

二 大学生中主体性精神存在问题的表现

大学生主流是积极向上的，但是，也存在一些不容忽视的主体性精神不足的问题。这些问题若不能得到有效解决，便会影响大学生的健康成长。下面，着重探讨部分大学生中主体性精神存在问题的主要表现。

（一）理想偏狭化，信仰宗教化

根据丁小丽等学者2013年在南京地区7所本科院校调查数据显示，当问及“为什么读大学”时，选择“为了实现个人自身价值”的学生占73.17%，选择“报效祖国，回报社会”的学生只占10.13%。[③] 根据沈壮海、段立国2014年对30所高校大学生的调查数

① 居占杰、刘洛彤：《创新创业教育背景下大学生创新能力培养问题研究》，《湖南师范大学教育科学学报》2016年第2期。

② 丁雅诵：《2016年大学生思想政治状况滚动调查结果公布：立志成才报效祖国》，《人民日报》2016年7月18日第9版。

③ 丁小丽等：《“90后”大学生价值观现状分析及教育对策研究》，《扬州大学学报》（高教研究版）2013年第2期。

据发现，在“社会价值”与“个人价值”之间，倾向于“个人价值”的学生占到18.6%，比倾向于“社会价值”的人数比例高出11.3%。[①] 沈壮海等2015年针对大学生的调查数据显示，大学生人生理想更多关注“事业成就”“物质财富”和“家庭需要”等生活需要因素（以上三项共占比64.7%），而对“国家或社会需要”等国家需要因素（占比5.2%）较少关注，两者相差59.5个百分点。[②] 从以上数据可以看出大学生关注个人价值、个人需要整体上还是高于社会价值、国家需要。个人需要和国家需要、个人价值与社会价值并不是截然分开不相容的两个方面，个人需要、个人价值越大也可能国家需要、社会价值越大，实现的国家需要、社会价值越大，个人需要、个人价值也可能越大，但是两者也有发生冲突的时候，当过分地追求个人价值和利益就会置社会、国家利益于不顾，甚至以损害社会利益来实现个人利益，产生价值追求的偏狭化。价值追求的偏狭根本在于理想的偏狭，理想的偏狭必将导致追求利益的偏狭。这种理想的偏狭必将导致理想功利化的盛行。比如在社会主义市场经济条件下，有的大学生在追求个人理想的过程中，往往忽略甚至排斥社会理想的存在。他们更加注重对现实物质利益的追求，“高富帅”“白富美”般的物质生活逐渐成为不少大学生的人生理想。人们更多地强调追求实在，讲究利益，使得社会环境日益浮躁，理想被物质所俘虏，理想信念的高远目标在部分大学生中逐步让位于现实物质利益的偏狭目标。其实，每个人的人生理想都需要自觉地与社会的需要，未来的发展趋向的社会共同理想、目标结合起来，他才会有宽广的人生发展舞台。

部分大学生中信仰出现问题。根据张梅、黄蓉生对重庆6所高校大学生的调查数据显示，始终信仰马克思主义的人占44.6%，对马

---

① 沈壮海、段立国：《2014年度大学生思想政治状况分析——基于全国30所高校的调查》，《思想理论教育导刊》2015年第8期。

② 沈壮海等：《中国大学生思想政治教育发展报告2015》，北京师范大学出版社2016年版，第53页。

克思主义的发展前途“有些信心”或“充满信心”的人占58.6%，表示“非常需要”或“比较需要”马克思主义信仰的大学生占49.1%。[①] 这说明，大多数学生以马克思主义为信仰。然而，近年来信仰宗教的人数也在增加，“相信神灵”的人数占据了调查总数的12.8%。[②] 另据沈壮海等2015年调查报告显示，14.6%的大学生表示有宗教信仰，较2014年上升了3.6个百分点，10.1%的受访大学生有信教意愿。[③] 尽管信仰宗教的总体比例不高，但是在问及“大学生是否应当成为无神论者”时，刘燕的调查数据显示，选择“反对”的学生仅占23.4%，还有29.5%的学生选择“不清楚”。[④] 据林希玲调查，在不信教的群体中是否将来信教的态度，选择“将来可能信教”或者“不确定”的学生一般认为将来信教的可能性比较大，在调查数据中，这两种学生分别占到17.6%和47.4%，即65%的学生是信教的潜在群体。[⑤] 从数据看出，宗教的影响在大学生中有扩大的趋势。因为在多样化的思潮中，当前部分大学生出现精神迷失现象和信仰危机，据有关调查，有“65.85%的大学生认为宗教信仰是一种高尚的精神活动，是人类文明的源泉”[⑥]。信仰宗教主要是近年来社会发展快速，社会竞争日益激烈，人们的精神压力较大，希望通过宗教来达到精神的安慰。据调查发现，73.0%的信教或有信教意愿的受访大学生是出于内心需要和精神寄托。[⑦] 学者刘燕的调查同样说明了

① 张梅、黄蓉生：《当代大学生马克思主义信仰状况调查分析——以重庆市6所高校为例》，《探索》2014年第4期。

② 同上。

③ 沈壮海等：《中国大学生思想政治教育发展报告2015》，北京师范大学出版社2016年版，第77页。

④ 刘燕：《大学生宗教信仰现状分析》，《学校党建与思想教育》2016年第2期。

⑤ 林希玲：《高校学生宗教信仰状况调查研究》，《中央社会主义学院学报》2015年第3期。

⑥ 赵迎欢等：《“当代大学生特点及环境影响”研究报告》，《思想理论教育导刊》2010年第1期。

⑦ 沈壮海、段立国：《2014年度大学生思想政治状况分析——基于全国30所高校的调查》，《思想理论教育导刊》2015年第8期。

这个问题，在问及“你在什么情况下会求助于宗教”时，45.8%的大学生认为在困惑、无助的情况下会选择，49.5%的大学生认同宗教能够给人提供精神支撑。[①] 梅萍等调查发现，在激烈的竞争中大学生感受到过大的生存和发展压力，有些大学生在压力面前变得悲观、消极，甚至赞同“宿命论”，相信命运安排、前世今生的大学生占到19.0%。[②] 诚然，宗教是可以给人的精神压力带来缓解，但马克思主义是科学的世界观、人生观、价值观的真正源泉，宗教精神上的超越并不是真实的超越，人不能停留在宗教温馨的港湾之中无所作为，要历经风雨、扬帆远航，在马克思主义的指导下实现现实的超越，实质的超越。

（二）知行不统一

当代大学生奋斗的意愿比较强烈，但是付诸行动却显不足。比如，根据《全国大学生创业调研报告》的数据显示，高达76.7%的在校大学生创业兴趣较高，受访的大学生表示通过创业能够实现自身的价值、自由与理想。[③] 数据一定程度上说明了我国大学生创业意向强烈，实施“扩大就业，以创业带动就业”的发展战略，在大学生中具有广泛的思想基础，然而，根据麦可思研究院5年的跟踪调查数据显示，我国大学生自主创业总体比例不超过2%。[④] 这与高达76.7%的创业意向比例形成了鲜明的对比，也远远低于发达国家20%—30%的大学生创业率。另外，我国大学生创业成功率偏低，即使在比例最高的浙江省也只有4%，而国际大学生平均创业成功率则

① 刘燕：《大学生宗教信仰现状分析》，《学校党建与思想教育》2016年第2期。

② 梅萍、宋增伟：《90后大学生生命意识与人生态度的调查报告》，《国家教育行政学院学报》2015年第9期。

③ 中国青少年网络协会、腾讯网教育频道、中国传媒大学调查统计研究所：《全国大学生创业调研报告》，2011年3月21日，http://wenku.baidu.com/link?url=NBa69MDJkbCO8HL9I7aI8QqeSFn1G82D99eJQUqBS6bUHqJAmQE-x8Fz20qY2gaU。

④ 麦可思研究院：《2012年中国大学生就业报告》，社会科学文献出版社2012年版，第142页。

是20%。[①] 尽管近年来，国家与高校为扶持大学生创业提供了相当多的优惠政策，但是效果仍然不令人满意。创业很能体现一个人面对困难和问题的真正勇气和决心，创业数据低在一定程度上反映出我国大学生在困难和挑战面前知和行是有比较大的差距。大学生中知和行不统一的问题在其他道德行为领域同样如此。万美容等的调查发现，大学生整体道德认知良好，是非善恶标准较为清晰，然而道德认知能否转化为日常道德行为却存在不确定性，因为较多的大学生在特定的道德情境中对是否付诸行动表示“说不清楚”[②]。沈壮海等的调查结果同样反映了大学生道德发展中存在着严重的“知行分离”现象。[③] 在社会主义核心价值观方面也存在知和行不统一的突出问题，践行社会主义核心价值观意愿强烈的大学生比例占到85.9%，然而具体落实到行动上的大学生却只占59.0%。[④] 以上数据说明了我国大学生存在知行脱节的问题。然而，无论在哪个领域，现实的超越一定要把观念上的超越付诸行动，否则再好的观念都只能是一种可能的虚有。大学生应当把良好的思想落实到行动上，在知和行的交互作用中发展自己、完善自己。

（三）沉迷网络而疏离现实

随着信息技术的快速发展，作为一种虚拟存在，网络已经深入大学生的日常生活、学习之中，成为不可或缺的部分。根据沈壮海等的调查数据显示，每天上网超过2小时的受访大学生占到了83.5%，其中96.0%的大学生上网的主要目的是娱乐消遣（69.7%）、获取新闻

① 罗三桂：《大学生创业能力的培养现状及提升策略》，《中国高等教育》2013年第12期。

② 万美容等：《湖北省“90后”大学生思想行为特点实证分析报告》，《学校党建与思想教育》2013年第10期。

③ 沈壮海等：《中国大学生思想政治教育发展报告2015》，北京师范大学出版社2016年版，第197页。

④ 同上书，第100页。

信息（58.9%）、学习（58.2%）和交流沟通（57.6%）。[①] 网络本是人们发展的很好的工具，但是，如果沉迷其中，就会带来负面的危害，“网络成瘾是让教师和家长极头疼的问题”[②]，在各个大学因网络成瘾挂科、留级、退学的学生并不少见。网瘾患者的一个普遍共同点：缺乏生活目标和毅力，逃避现实的生活责任。俞宝龙等对江苏6所高校调查，“大学生网络成瘾率为10.6%”[③]。张志松对安徽8所高校的调查发现，大学生网络成瘾比例为14.08%。[④] 李小梅对湖南某高校调查发现，“大学生网络成瘾率为18.23%，其中中度成瘾率为17.38%，重度成瘾率为0.85%”[⑤]。侯其锋对浙江大学和西安电子科技大学的调查显示，东西部高校之间没有差异，网络成瘾和网络成瘾倾向的大学生比例分别为12.3%、19.1%。[⑥] 虽然大学生中网络成瘾的总体比例不算高，但是人数不少，带来的危害也不容小觑，其中最直接的危害就是网瘾大学生对现实的疏离。据有关调查发现，网瘾大学生出于“网络游戏新奇，可以满足好奇心”的占到38.7%，“现实中做不到的事，网上能做到，获得成就感”的占到32.7%，“现实中很空虚，在网上能得到充实”的占到33.7%，“学习或工作压力大，网络能减轻压力”的占到30.4%，等等。[⑦] 而无论哪种形式都体现出网瘾者希望通过虚拟网络来梳离现实的目的。

---

① 沈壮海等：《中国大学生思想政治教育发展报告2015》，北京师范大学出版社2016年版，第271—274页。

② 沈壮海、王迎迎：《2015年度大学生思想政治及其教育状况调查分析》，《中国高等教育》2016年第8期。

③ 俞宝龙、吉华平：《江苏省部分高校大学生网络成瘾现状与影响因素分析》，《南京医科大学学报》（自然科学版）2010年第4期。

④ 张志松：《大学生网络成瘾现状调查》，《教师教育研究》2011年第2期。

⑤ 李小梅：《大学生网络成瘾现状及其影响因素的logistic回归分析》，《职业与健康》2015年第5期。

⑥ 侯其锋：《大学生网络成瘾与拒网自我效能及网络自我效能的关系探讨》，《浙江大学学报》（理学版）2013年第7期。

⑦ 白显良、佘双好：《武汉市青少年思想道德状况调查》，《当代青年研究》2006年第2期。

近年来，在大学生中出现了一个热词“宅男宅女”。“宅”，源自日文“御宅族”（otaku），这一词由我国台湾、香港地区逐渐扩散到大陆（内地）成为媒体用语，主要用以形容沉迷于个人世界，与社会脱节的青年。虽然宅与网瘾有所区别，网瘾直接指向网络的沉迷，而宅强调的是长期足不出户，缺乏与人的现实交往、自我封闭、逃避发展责任等，其中的一部分人发展成为等靠要的“啃老族”，但是两者的形成都与网络虚拟息息相关，网络的兴起给网瘾和足不出户的“宅生活”奠定了客观基础。网络虚拟的发展推动了宅生活的产生，宅生活又会强化人对网络虚拟世界的沉迷。根据2015年邓兵对重庆4所大学的调查数据显示，在大学生群体中约有50.51%左右为宅人，其大学生活主要表现为“宅宿舍”[①]。黄聚云等对上海市9所高校调查发现大学生宅族比例占到41.9%。[②] 虽然这两个地方宅的比例有些高，并不代表全国大学生的水平，但是宅问题的凸显化已经成为大学生中存在的不争事实，值得我们关注。

网络虚拟可以使人摆脱现实具体事物或事件的时空局限，能给人提供现实世界难以实现而虚拟世界可以获得的多种可能的精神满足，显示出虚拟世界的开放性、无限拓展性和巨大的兼容性。当个体从未接触过网络虚拟世界时，他的价值需求的满足感来自对现实目的所实现的程度。他会不断调整自我目的和社会现实要求之间的差距，在社会化的过程中求得生存和发展。但是，由于网络虚拟世界的到来，往往造成个体在相对于现实世界获得更自由的虚拟环境中凸显自我意识的形式自由，而忽视现实世界的客观约束与限制。同时，虚拟世界中各种需求的满足更为快捷、方便且低成本，也影响着个体关于现实世界对于人生存和发展的影响，误以为网络虚拟生存是比现实世界生存

① 邓兵：《大学生宅现状及其影响因素》，《中国公共卫生》2015年第8期。

② 黄聚云、魏媛媛：《大学生宅族的行为特征及社会心态》，《当代青年研究》2015年第9期。

更好的生存方式。从而导致部分大学生一方面与社会现实环境逐渐疏离；另一方面表现出对现实社会要求的漠视，进而忽略自我应当承担的生存和发展的责任（部分大学生成为“啃老族”），缺乏在现实世界实现目标的意义感，久而久之必将陷入自我封闭的虚拟的形式的自由王国中不能自拔，使得人客观的生存和发展受到阻滞。人的超越是一种现实的超越，网络只是现实生活的工具而不是目的，从网络世界中回归现实世界才是追求事物的本真。大学阶段理应是一个人充满活力，朝气蓬勃地追求理想和未来，求得现实生存和发展的大好时光，大学生思维活跃，网络是可以利用更好服务现实发展的工具而不是目的，不是陷于网络虚拟世界逃避现实责任不能自拔。

（四）急功近利而贪图享受

当代大学生的一个显著的特点就是急功近利。主要体现在以下三个方面：首先，大学生中追求短期规划和没有规划的总比例过大。根据2015年沈壮海等的调查数据显示，大学生中只有短期规划的占40.7%（2014年为43.6%），没有规划的占4.9%（2014年为5.1%），两者人数之和接近大学生总数的一半，而有长短期规划和长期规划的学生只占到54.1%（2014年为51.3%），其优势并不明显。[①] 另者，当被问及“您如何看待自己的未来人生发展”时，有近1/4（23.2%）的大学生表示对未来人生发展感到迷茫。[②] 4.9%的大学生没有人生规划，40.7%的大学生“只有短期规划”，23.2%的大学生对未来感到迷茫，意味着即使有人生规划也是一个很不具体的模糊观念，没有规划、只有短期规划、规划模糊必然使得大学生容易急功近利，不顾长远。其次，流于表层，缺乏思想深度。根据第十三次全国国民阅读调查发现：2015年我国平均每个成年国民以纸质媒介

① 沈壮海等：《中国大学生思想政治教育发展报告2015》，北京师范大学出版社2016年版，第66页。

② 同上书，第57页。

的方式读书时间为19.69分钟（2014年为18.76分钟），而使用手机媒介阅读时间为62.21分钟（2014年为33.82分钟），表示自己阅读数量很少或比较少的国民占到了45.0%。[①] 从数据看我国成人的整体阅读量不够，新媒介阅读量大大超过传统纸质媒介，特别是手机APP媒介阅读增长迅速。大学生群体更是如此，大学生普遍地使用手机、电脑“进行学习、浏览新闻、收发通知和收集信息，通过网络与人聊天、交友，流连于校内网、QQ空间、微博等网络互动平台，在网上购物、看电影、听音乐、玩游戏，甚至有7.7%的同学即使不知道要做什么也会上网随便看看”[②]，“手机党”“低头族”已经成为校园一景。新媒介一方面给各种学习信息的查询和了解带来了方便和实用；另一方面，使得大学生对信息的了解碎片化，流于表层，理解不深。大学生中静下心来学习具有一定理论难度和深度的文、史、哲、科普类经典书籍越来越少，浏览娱乐化、快餐化、功利化浅层信息的大学生越来越多。浮于表层、不完整、断断续续、鱼龙混杂的网络海量碎片化知识和信息充斥着人们的视野，占据着大学生有限的学习时间，不可避免地导致大学生思维注意力的分散与阅读方式难以深入而产生碎片化思维。由于碎片化的具体浅层知识具有来得快捷方便、较实用、容易习得的特点，大学生就会容易趋近，而远离需要付出艰辛努力才能获得的抽象的深层次知识和能力，这样长期接收碎片化知识的后果便会使人思维因丧失专注、深思和反省变得日益狭隘。最后，注重结果，忽视过程。2013年《光明日报》发表了一篇《大学生活能这样度过吗?》的文章，引起了全社会的关注。文章调查了全国10所高校大学生在校学习状况，对“逃课情况”学生选择“从不逃课”占11%、“经常逃课”占8%、“有选择性地偶尔逃课”占81%。“课

① 全国国民阅读调查课题组：《第十三次全国国民阅读调查主要发现》，《出版参考》2016年第5期。

② 万美容等：《湖北省“90后”大学生思想行为特点实证分析报告》，《学校党建与思想教育》2013年第22期。

堂听课情况”学生选择“能做到课前预习课后复习”占15%，“能集中精力听讲”占40%，“喜欢就听听，多数时候心不在焉”占41%，“老师讲他的，自己忙自己的”占4%，平均每天自主学习时间“一小时以下”占到了33%。有个学生在访谈中对此说得极为深刻，他认为大学里开学第一周和最后一周的课堂最重要，第一周课堂用于判断老师上课点名、给分情况的“厚不厚道”，最后一周的复习就是磨着老师画出重点，背背大纲就行。[①] 虽然这些数据和观点不一定反映出全国大学生的学习情况，但是至少说明一部分大学生对日常的学习过程重视程度不够。这与大学生中流行的“60分万岁，多一分浪费”口号形成了印证，在部分大学生当中只想到分数及格，毕业证能够顺利到手，至于认真的学习过程、系统的专业知识构建能给人带来素质提升也就显得不重要了。还有部分大学生崇拜企业老板、明星、歌星、网红，梦想自己也一夜成名，一旦成名金钱、名利和地位都可迅速拥有，他们希望走捷径获得成功，逃避脚踏实地的一步步地付出艰苦的努力去实现自己的目标。

急功近利的思想必然催生着乐于享受的风气。因为功利主义的一个根本原则就是增进快乐，减少痛苦，人们急功近利就会缺乏吃苦精神，希望付出小回报大，更乐于安逸享受生活。调查发现，“享乐主义”在大学生群体中有抬头之势。32.6%的大学生对“人生苦短，应及时行乐”表示赞同；22.6%的大学生表示“说不清楚”；明确不赞同的仅为44.8%。[②] 刘秀峰博士通过调查和对比已有文献的数据基础上得出：“70后”“80后”“90后”大学生意识中对于“心情舒畅”“多彩生活”“舒适生活”的地位一直在明显地上升，说明了当

---

① 邓晖：《大学生活能这样度过吗?》，《光明日报》2013年11月6日第5版。

② 沈壮海等：《中国大学生思想政治教育发展报告2015》，北京师范大学出版社2016年版，第71页。

代大学生追求人生享受的意识上升趋势明显。[①] 虽然“埋头苦干”“勇于竞争”“百折不挠”仍是三个不同年代大学生实现人生目标的重要手段，但排位随着大学生出生年代的上升而持续明显下降，说明当代大学生对于事业刻苦、执着追求的精神呈减弱趋势。[②] 这些调查数据和结果反映了随着时代的发展，大学生整体吃苦、奋斗的意识在减弱，享乐思想在上升。当前，大学生群体中出现了诸多享乐主义现象。比如，部分大学生不顾自己实际情况，盲目追求物质生活的享受，吃穿住用全部要求名牌、讲究高档次，炫耀性消费、超前性消费、攀比性消费比比皆是。贪图安乐，精神就会懈怠、空虚无聊。据有关调查显示，认为课余生活空虚无聊的大学生占到了30%左右，他们对当前的娱乐生活并不感到满意。习近平总书记指出：“低俗不是通俗，欲望不代表希望，单纯感官娱乐不等于精神快乐。”[③] 因此，大学生中出现享乐主义思想抬头的现象应当引起教育部门的关注，而这其实也是大学生主体性精神不足的表现，主体性精神是人面对客观限制或束缚的现实超越，超越实现的过程和成果的取得需要人付出艰辛的努力，主体性精神不足必然表现出急功近利、贪图享受的现象。

（五）难承压力且自信不足

近年来，大学生自杀现象逐年增加，引起了全社会和教育部门的关注。根据梅萍等人2015年发表的大学生生命意识与人生态度报告显示：在问及“当遇到某种强大压力或挫折时，您是否有过自杀的念头”时，认同有过自杀念头的大学生比例占到了38.8%，其中表示经常有自杀念头的大学生占到2.3%。对于大学生自杀行为的看法，认为自杀是一种摆脱痛苦方式的人占16.5%；认为自杀是一种勇敢的行为的人占4.6%；认为这不关我的事的人占5.4%，少部分大学

① 刘秀峰：《“90后”大学生的人生观及其引导》，博士学位论文，华中科技大学，2012年，第101页。

② 同上书，第105页。

③ 习近平：《在文艺工作座谈会上的讲话》，人民出版社2015年版，第10页。

生甚至认为“活着不如选择自杀，因为他们无法处理生活中的痛苦及存在的问题”[①]。从调查数据看，认同有过自杀念头的大学生比例不算少，而且达到16.5%的大学生认为自杀是一种摆脱痛苦的方式，占比4.6%的大学生认为自杀是一种勇敢的行为，甚至少数大学生认为“活着不如选择自杀”，这说明部分大学生确实难以承受挫折、困难、压力的问题。调查数据也印证着这一点，对于“遭遇挫折时，我总是积极想办法应对”，有25.5%的大学生给出了否定答案。“不管做什么事，我都很难坚持下去，常常半途而废”，有23.7%的大学生表示认同。[②] 大学生自杀或有自杀意念的影响因素是多方面的，但是，最为根本的是大学生面对诸多因素所带来的困难和问题没有超越的勇气和决心，并付诸实践。抗压能力弱的大学生没有认识到挫折、问题的存在本身就是自身发展的一个契机，超越了就是对自己原有素质水平质的提升，从而获得更好的发展机遇。

面对困难和问题责无旁贷，主要要依靠自己解决，只有拥有自信，才能敢于直面各种困难和问题，在客观的限制或束缚面前迎难而上，不被困难所压倒，做到自我激励、自我鼓舞。值得注意的是，当代大学生自信心在下降。据刘秀峰的大学生人生观调查数据发现：“80后”“90后”大学生人生观相比较，“妄自菲薄”由“80后”的第39位上升到“90后”的第23位，“心灰意冷”由第36位上升到第27位。[③] 这说明随着时代的发展，竞争的日趋激烈，大学生群体自信心呈现下降趋势。部分大学生在遇事时总想着自己的不足之处和缺点，心虚胆怯，怀疑自己的能力，想要逃避和退缩，不够自信。据卢家楣等人历时三年的全国大学生情感素质现状调查数据显示，大学生

① 梅萍、宋增伟：《90后大学生生命意识与人生态度的调查报告》，《国家教育行政学院学报》2015年第9期。

② 同上。

③ 刘秀峰：《“90后”大学生的人生观及其引导》，博士学位论文，华中科技大学，2012年，第107页。

的自信感为5. 72 分，探究感为5. 38 分（分值范围1—10 分）[①]，说明全国大学生面对问题的探究和自信分不高。而自信要体现在面对问题和困难的自信，我们也可以通过大学生对于情绪调节、创业、择业效能感等方面来评价大学生的自信水平。经有关调查发现，（分值范围为1—5 分，最低分为1 分，最高分为5 分）大学生总体情绪调节自我效能感平均值为3. 57 分，处于中等偏上水平[②]；大学生创业自我效能感均值超过了中位数值，但仅处于高于中位数一个等级，整体仅处于中等偏上水平[③]；大学生择业自我效能感平均分在3. 3—3. 5 分之间（分值范围为1—5 分），处于中等偏上水平。[④] 这些数据说明我国大学生的整体自信处于中等偏上水平，还须进一步提升。

第二节　大学生主体性精神存在问题的原因分析

大学生主体性精神存在的问题一定要放在时代发展的大背景下考虑其可能的原因。当代中国处于由传统社会急速迈入现代社会的快速转型关键时期，一方面，人们每天都在感受着这个社会发展的日新月异，新事物、新观念、新行为不断地涌现，给人们生存和发展带来了机遇与创造了可能的空间，人们对发展的目标和期望越来越高；另一方面，社会快速转型对其成员而言，也带来了风险和未来的不确定性，原有计划经济、小农经济下多数可预期的相对稳定的日常生活被

① 卢家楣等:《中国当代大学生情感素质的现状及其影响因素》，《心理学报》2017 年第1 期。

② 朱伟方等:《大学生情绪调节自我效能感现状调查及教育启示》，《中国青年研究》2012 年第9 期。

③ 陈权、尹俣潇:《大学生创业自我效能感及影响因素实证研究》，《高校教育管理》2015 年第6 期。

④ 丁芳、石轩:《大学生择业自我效能感的调查分析及教育建议》，《山东师范大学学报》（人文社会科学版）2011 年第3 期。

打破，生活节奏越来越快，各个领域的竞争压力越来越大，已经成为当代人日常生活的常态，每个人身处其中，只有不断地去适应和超越，才能防止落伍掉队或者被社会所淘汰。这必将使社会成员遇到一系列生存和发展的问题和压力，这些问题不解决就会演变成对其现实生存和发展的限制或束缚。在这种时代境遇面前，有些人迎难而上抓住机遇，不断超越限制并引领时代的前进步伐；有些人在困难和问题面前迷茫浮躁，失去了方向，甚至误入了歧途；有些人在困难和问题面前逃避发展的责任，停留于享受，麻痹自己，得过且过，不思进取。大学生不是与社会绝缘的群体，他们与社会发生着千丝万缕的各种信息交流，社会中的各种现象和思想都能在这一群体中找到踪迹。再加上学校的教育、家长的管理、自身的阶段性特点等综合因素对其主体性精神的形成发生着作用。

一　社会的原因：浮躁、功利与就业不公

大学生主体性精神存在问题与社会负面现象的影响分不开。主要体现在以下几点：一是，社会媒体的负面效应。众多的电视剧、电视节目无不在娱乐性、趣味性上狠下功夫，而缺少思想的内涵。在大量的低俗娱乐性节目狂滥轰炸下，青年大学生的感官享受得到了极大的满足，而在文化产品中感受到的正能量少，进而助长了浅薄浮躁的心理。在网络上，近年来一批批“网红”的出现，演绎了一次次的低俗浪潮，像“芙蓉姐姐”“兽兽”“干露露”等冲击着人们的人生价值取向。在2015年10月，演艺明星黄晓明的结婚庆典被电视、广播、APP新闻等各大媒体争相报道他的亿元奢华婚礼，而屠呦呦获诺贝尔奖的报道却明显冷清许多，甚至很多人不知道屠呦呦是谁。由此一篇《黄晓明PK屠呦呦：一生努力不敌一场作秀！》的文章引发网友热议。二是，社会风气的负面效应。人们的评价过多地看重金钱与权力，评判一个人成功与否的衡量标准就是看他所拥有的权力和金钱的多少。在这极端功利主义思想作用下，有些人唯利是图、精神颓

废、铤而走险，丧失了社会责任感，迷失了基本的生活方向和目标；有些人形式主义、哗众取宠、不求实效；有些人腐败堕落、骄奢淫逸、“寅吃卯粮”、盲目炫富等。三是，社会就业选人用人上的不良效应。大学生就业过程中遭遇到不合理不公平的现象也在一定程度上消解着部分大学生的主体性精神，带来了负面的影响。在社会的就业和职业发展领域还存在大量不公平、不公正现象，比如萝卜招聘、干部子女的火箭升迁等热点新闻在网络报纸上出现。用人导向的不公正现象，社会的腐败问题导致一些人错误地认为关系比一个人的能力重要，由此他们不愿再去发展自己，而是依附于权贵，有问题先靠关系解决。人际关系在我国现阶段大学生的就业中起着重要的作用，也是不争的事实。据朱卫国2012年对江苏省高校毕业生的调查显示，“通过朋友和亲戚得到招聘信息”获得第一份工作的本科毕业生占到20%，而高职高专毕业生则达到了26%。[①] 虽然不能说由此渠道必然都是“靠关系”获得工作，但其中有较大部分是依靠“拼爹”也是大家心知肚明的事实。在大学校园中流行有“恨爸不成刚，恨爹不双江”的说法，也必然会给大学生主体性精神培养带来负面影响。学者崔岩通过调查也发现，虽然“自己勤奋努力”仍是青年对成功认识的主流，但是“90后”有46.3%的人认为“要取得成功需要有比较广的社会关系”，而这一比例在前几代人中仅占23.8%。[②]

二 学校教育的原因：轻实践，少问题，重结果

学校教育存在一些对大学生主体性精神培养不利的地方，主要体现在以下几个方面：一是，缺乏实践活动教学。麦可思研究院在2016年中国本科生就业报告中调查发现，“2014届、2015届本科毕

① 朱卫国：《江苏省高校毕业生就业、预警和重点产业人才供应2012年度报告》，江苏教育出版社2012年版，第23页。

② 崔岩：《“90后”青年社会认知特征和社会评价分析》，《青年研究》2016年第4期。

业生认为母校的教学最为需要改进的地方为‘实习和实践环节不够’”①。高校普遍存在着“重理论，轻实践；重课堂，轻课外”的倾向。大多数高校目前的教育强调知识的传授，在实践、实习上远远不够，诸如大学生的毕业实习成绩造假已为社会所诟病，这与大学生个人诚信有关，但学校极不重视实践教学也是一个重要的原因。据有关调查表明，一些高校虽然组织了大学生社会实践活动，但是缺乏学生参与的广泛性，他们把主要的精力常常集中于某几种社会实践活动，突出某几支小分队实践活动的开展，然而对于整个面上大学生个体的实践活动却常常得不到有效的指导，这与面向全体大学生进行实践教育的要求是不相符合的。以致相当多的大学生都反映学校提供给学生的实践机会甚少，而且多数流于形式，没有与专业知识很好结合的问题突出。缺少充实的实践环节，大学生就不能很好地把理论与实践、知和行结合起来，缺少实践的理论学习就会肤浅化，理解不深刻，也必然会带来现实问题意识的缺乏。二是，在教学方法上，大多数高校教师仍然采用传统的“灌输教育”的方法。这种方法省心省力、容易操作，便于知识的传承，也可以为大学老师腾出更多的时间去搞科研、发文章、评职称。但是这种方法不利于知识创新，学生学习能力的提升。在这种方法下学生成为单向被动的知识接收客体，师生缺少交流讨论，相互之间思想得不到碰撞和激发，没有问题意识或者有问题得不到及时的反馈和解决。而主体性精神的培养讲究问题导向，师生之间交流，在解决问题中通过反思生成新知的教学过程。三是，多数高校的评价方法比较单一。主要还是以课程考试成绩作为学生评价的核心尺度，无论是学生的升学、奖学金评定还是表彰优秀，一般都是以考试成绩为最终依据，其实质还是一种注重结果的终结性评价方式。这一终结性评价，“只注重提供学生成败信息，不注重分析学生

① 麦可思研究院：《2016年中国本科生就业报告》，社会科学文献出版社2016年版，第175页。

成败的原因或提出补救策略。评价重心的偏离，使这种评价不能很好地发挥评价促进发展的功能，不能及时向学生提供反馈信息，不利于及时了解教育活动中存在的问题与不足，从而促使教育者和学生及时修正自己的行为”①。因此这种方式容易导致学生学习的急功近利，直接奔向结果，而不注重学习过程的充实。过程评价一般是以反馈、调控、改进和完善为主要目的，着眼于过程的评价，既可促进教育者不断优化教育教学过程，又可促使大学生之间的比、学、赶、帮、超的良好学习氛围的形成。形成性评价的主要途径包括观察、调查问卷、访谈、档案、日记和反馈等多种样式。在多数高校过程评价要么没有采用，要么采用得比较少只是作为一种形式，没有真正收到良好的教育效果。

三 家庭教育的原因：溺爱、功利与缺位

家庭是每个人最早接受教育的环境，家庭教育对人的世界观、人生观、价值观产生着潜移默化的影响。据丁小丽等对大学生调查，被访者认同“父母家人对自己的价值观影响最大”的占到了68.48%。②同样，梅萍等的调查也发现，在问到“在您的个人成长中，您的生命价值观形成主要源自哪些因素”时，认同“父母的言传身教”的大学生占到了56.7%。③

家长是子女的第一任老师，影响着子女健康成长和发展，大学生主体性精神的不足与家庭不合理的教育方式也是息息相关，主要体现在以下几个方面：其一，有些家长过度保护子女，代替子女成长。家长过度保护表现在对子女的学习、生活、思想、行为等方面管得太

① 孔国庆：《对我国大学生评价中存在问题的反思》，《河南师范大学学报》（哲学社会科学版）2009年第6期。

② 丁小丽等：《“90”后大学生价值观现状分析及教育对策研究》，《扬州大学学报》（高教研究版）2013年第2期。

③ 梅萍、宋增伟：《90后大学生生命意识与人生态度的调查报告》，《国家教育行政学院学报》2015年第9期。

多，处处干涉，引起子女的反感与对立。由于这些家长的过度越位，剥夺了子女自由探索人生问题的权利，导致子女社会化进程延缓，子女往往安心于父母提供的优越而安全的环境，丧失了面对限制或束缚自我超越的锻炼机会，降低了他们承受挫折和困难的能力。其二，有些家长教育的功利化思想非常严重，导致教育的错位。受功利化心态的影响，有些家长对子女过多关注专业知识的学习成绩，而对培养子女的个性品质并不在乎，甚至干扰子女的全面成长。在功利思想驱使下有些家长对子女的期望值要么太高，要么太低。有些家长不顾子女的实际情况一味要求子女考公务员、考研、考博等。有些家长要求太低，只要子女能毕业就行了，毕业后认为凭关系和权力自然可以安排到大型国企、事业单位、金融机构等好单位工作，使子女失去了自我超越的动力。其三，一些家长认为教育是学校的事情，家长只要把子女送到大学就可以当甩手掌柜了，导致家长在教育中的缺位。他们认为只要满足子女学习和生活的物质条件也就尽了自己的责任了，至于教育子女是学校的事情。因此，他们都会尽量地满足子女的各种经济上的要求，甚至是无原则地迁就，子女的不良生活习惯、消费习惯不能得到及时实事求是地指出，提出良好的建议。另外，父母教育的缺位还表现在与子女之间沟通交流较少。大学生虽然不经常在父母身边，但有很多大学生由于缺少经验，经济来源于家长，在心理上还是对父母有很大的依赖性。当大学生在生活中遭遇困难、挫折的时候，他们会很渴望得到父母的理解、安慰和支持。而许多家长为了生计忙碌奔波，平时缺乏与子女耐心地沟通，一旦出现问题不是站在子女的角度一起分析问题，给出合理化建议，而是过多地责备，这容易导致子女有事情、有问题不愿与家长交流沟通，封闭自己，不利于成长。其四，有些家长没有树立自身的良好榜样示范作用，产生负面效应。有些家长没有树立积极进取、终身学习的理念，不断提升自己的文化水平和教育子女的水平，做好子女的表率，而是沉迷于灯红酒绿的享受、消费之中，不如意就满腹牢骚、怨天尤人处于颓废之中。这给子女的自我超越带来不良的影响。

四 大学生自身的原因：逃避问题，贪图享乐

主要体现在以下几个方面：第一，部分大学生缺少正确面对问题的态度。大学生应当要认识到问题对发展自己的重要性。问题出现有时候就是发展的契机来临，要运用辩证法深刻认识到大问题潜藏着大发展的可能，小问题潜藏着小发展的可能，没问题意味着没发展的可能。拒绝正向面对问题，逃避问题意味着逃避发展。因此，大学生积极面对问题，主动寻找问题，立足现存的问题，破解问题，才能更好地发展自己，而这当然与人为地制造麻烦，没有问题制造问题不相同。第二，大学生普遍处于青年期，思维非常活跃，对于社会上出现的新鲜事物接受很快，但他们认识事物抽象思维的水平并没有达到成熟的程度，思维品质发展不平衡，思维的广泛性、深刻性发展较慢，加上他们社会阅历和实践的欠缺，在看待社会现实问题时，往往容易陷入主观、片面和“想当然”的境地，虽受到不良言行、风气和思潮的侵害，反而认为不良现象存在的合理，造成人生理想和价值观取向的模糊。第三，应试教育下，大学生从小学到高中一直处于紧张的学习之中，而部分老师、家长为了激励他们考出好成绩，错误灌输“进入大学你们就轻松了”的思想，这在他们内心深处就形成了一种潜意识的付出与回报的承诺，有些大学生从一考上大学就开始松懈，带着享乐的心理来到大学，只想着怎样轻松，过得多姿多彩，而社会大多数家庭经济水平、生活条件比八九十年代已经有了显著的提升，有些家庭甚至非常富裕，这客观上也为大学生创造了享受、消费的条件，由于他们缺少艰苦生活环境的磨炼，容易助长他们的消费和享乐无节制心理。第四，大学生自觉性有了很大提高，但是自制力仍显薄弱，惰性不同程度地存在。大学阶段自由度比较高，加上当今快速发展的社会外界环境各种诱惑和信息的增多，有些大学生容易受到干扰，陷到里面不能自拔，这增加了他们执行行动计划的难度，一旦受

挫，由于青春期情感的波动性大，又容易灰心丧气，形成片面和偏颇的观点，妄自菲薄。

总之，当前时代社会快速发展，诸多现象凸显着大学生主体性精神的不足，社会呼唤着教育对大学生主体性精神的培养。透过大学生主体性精神存在问题的现实表现和原因分析，我们可以看出大学生主体性精神的培养是一个系统性问题，这个问题的解决只有从大学生自身、家庭、学校和社会四个方面发力，才能有效地促进大学生主体性精神的形成和发展。

第四章

大学生主体性精神培养的目标、原则和方法

在主体性精神理论建构和大学生主体性精神的现状及其原因分析的基础上，构建大学生主体性精神培养的目标、原则与方法。只有目标、原则和方法得以厘清，才能实现理论与实践相结合，为后续大学生主体性精神培养的具体路径提供必要理论支撑。

第一节　大学生主体性精神培养的目标

大学生主体性精神的培养要以马克思主义为思想指导，以思想政治教育理论与方法为基础，通过吸收其他学科的教育理念和运用有效的手段，使大学生树立崇高的超越理想和信念，以自我为生存和发展的责任主体，以国家、社会的未来发展为己任；激发强烈的自我超越的激情与欲求，主动参与实践活动，在践行与反思中提升能力，把自由、自觉、自主、自信、自律、自为、自省的理念贯彻在日常的学习和生活中，塑造良好的人格品质，勇于担当、敢于挑战，坚韧不拔、自信乐观、积极有为，迎接自我超越中所面临的困难与压力；在不断的自我超越中全方位提升自身的能力素质，为社会进步作出贡献，实现个人自由而全面发展的目的。

大学生主体性精神培养的目标可以分为四个层次：第一，树立崇高的超越理想和信念。大学生树立报效国家、社会的远大理想和信念

对大学生是否能够自我超越具有重要作用。只有在崇高理想和信念的激励、鼓舞下，大学生的超越活动才会充满朝气和活力，才能有效地自我控制各种杂念诱惑的冲击与干扰，努力克服超越过程中的困难与挫折，向着既定的目标前进。超越理想属于人生理想的重要组成部分，是大学生世界观、人生观、价值观的体现，是大学生从事自我超越活动的精神支柱。第二，激发强烈的自我超越激情与欲求，主动参与实践活动。激情与欲求是大学生对超越活动的倾向性反应，包括超越的兴趣、需要、动机等内容。它体现出大学生对待自我超越的态度和行为取向，这种激情与欲求的强弱直接影响着所付出行为的努力程度。激发大学生对挑战性目标的兴趣、需要和动机，能够有效提升大学生自我超越的效能感和对未来的希望与向往。第三，塑造积极进取的人格品质。积极进取的人格品质是人生走向成功的前提和条件。积极进取的人格品质虽然受到个人人格特质的影响，但也能够通过教育和实践锻炼得以提升。自我超越面对的限制是困难与风险的不确定性问题，只有具备积极进取的人格品质的人才能承受住巨大的压力，在自由、自觉、自主、自信、自律、自为、自省中进行长期而艰苦细致的工作，推进对问题的解决。因此，积极进取的人格品质的形成是培养主体性精神的重要目标。第四，获得自由而全面发展。在不断自我的超越中推进着对人生境遇问题的解决，丰富着自己的各种社会关系，提升着自身的全面素质，把小我逐步融入社会历史潮流发展的大我之中，实现人自由而全面发展的目的。

我国正处在一个伟大的变革时代，随着社会主义经济市场化、信息化、经济全球化的推进，人们的生产生活方式、社会关系、价值观念乃至文明形态都在发生着日新月异的深刻变革，这是每个人所面临的挑战也是机遇。人的自我超越精神体现了人的能动性与创造性，是国家间人力资源竞争的重要方面。大学生具有火热青春，是即将要迈向多种可能、创造壮丽人生的高素质人才群体，培养和提升大学生的主体性精神，对个人发展与社会进步具有十分重要的推动作用。

第二节　大学生主体性精神培养的原则

一　问题导向原则

毛泽东在《反对党八股》中指出："什么叫问题？问题就是事物的矛盾。哪里有没有解决的矛盾，哪里就有问题。"① 他在《关于重庆谈判》中又说："我们是为着解决困难去工作、去斗争的。越是困难的地方越是要去，这才是好同志。"② 每个人都面临着问题，也就是面临着矛盾，问题的客观存在使人的生存和发展受到限制，发现与明晰问题意味着超越限制从此开始。正如爱因斯坦所说："提出一个问题往往比解决一个问题更重要。"③ 这就是说，问题的提出对事物的发展具有重要的意义，但是，生活中每个人感受问题的存在是相对容易的，然而对问题的准确把握和深刻理解却是有难度的，它关系到对问题的有效解决，因此，培养大学生的主体性精神首要的原则就是要在问题上加以引导。

大学生主体性精神培养的问题导向原则主要体现在以下几个方面：一是，问题必须是意识到了的存在，需要教育者加以引导。正如马克思所说："意识在任何时候都只能是被意识到了的存在。"④ 有些问题已经出现，但是大学生作为当事人并没有敏锐地意识到，这时需要教育者提供一些启发，他们才能发现问题；有些问题是潜在性的，是事物还没有展开，在未来必然会出现，但大学生作为当事人往往缺乏前瞻思维未能意识到，这个时候教育者加以引导，他们才能够意识到问题的存在，而不是被动地等待问题出现才去解决问题。二是，正

① 《毛泽东选集》第3卷，人民出版社1991年版，第839页。

② 《毛泽东选集》第4卷，人民出版社1991年版，第1161页。

③ ［美］爱因斯坦、［波兰］英费尔德：《物理学的进化》，周肇威译，上海科学技术出版社1962年版，第66页。

④ 《马克思恩格斯全集》第3卷，人民出版社1960年版，第29页。

视问题需要教育者加以引导。当人的生存和发展遇到问题的时候，有些大学生却不能正视问题的存在，回避问题的出现，不愿意去承担超越的主体责任，寄希望于他人的帮助和代替。这是因为问题的解决往往需要人付出艰辛的努力，对于享乐和悲观主义者而言，他们常常习惯于临难而退。所以这个时候，作为教育者应引导大学生正视问题，全面地看待问题，历史地看待问题，发展地看待问题，激发出他们挑战困难的勇气和决心。三是，把握真问题需要教育者加以引导。奥斯特瓦尔德说："假问题也就是说，导向仅仅在假设中是问题的问题，而不是导向实际的实在能够与之对应的问题。因此，这样的问题就其真正本性而言是不可解决的。"[①] 这就是说，真问题不是人自我预设的，它能被人意识到并且在现实当中有与之对应的实际情况的问题。现实常常是复杂的，能够迷惑人，给人以假象和表象，以致人们常常发生意识的错误，把不存在的问题当作问题来看待。因此需要教育者把大学生引导到真问题上去。四是，抓住主要问题需要教育者加以引导。问题分主次，主要问题是事物发展中起关键作用的问题，次要问题则是在事物发展中不起决定作用的问题。随着人不断地发展，面临的问题愈来愈复杂，多种问题可能同时出现。而任何一个人的精力是有限的，如果什么问题都同时抓住不放，那么就不能很好地集中精力破解主要问题，这就需要教育者加以引导，使大学生更快更好地抓住主要问题予以解决。同时，问题有深浅，不能透过表层问题抓住根本问题，就会浮于表层的问题，不利于问题的解决，也需要教育者加以引导。五是，具有可能性的挑战问题需要教育者加以引导。问题有难易之别，这就导致在问题出现的时候，由于人的惰性，常常会选择那些相对自己容易的问题作为出发点，而对具有挑战性的问题不敢问津，这会使人的潜能不能很好地发挥，超越的成果也会受限。维果茨基的"最近发展区理论"告诉我们，教学应着眼于学生的最近发展

① ［德］奥斯特瓦尔德：《自然哲学概论》，李醒民译，华夏出版社2000年版，第98页。

区，为学生提供带有一定难度的内容，才能调动学生的积极性，发挥其潜能。问题的选择同样如此，选择具有挑战性的问题，才能使大学生获得更好的发展。但是，值得注意的是，不是所有的挑战性问题都能在大学生所拥有条件允许的范围内得到解决，因此也需要教育者引导大学生回到具有可能性的挑战问题上去，而不是一味地选择高难度目标。

问题导向原则就是要使大学生勇于面对问题，明晰真问题、关键问题、重要问题、挑战性问题。只有如此才会使大学生有问题的逼迫感和使命感，有了这种感觉才会激发出他们超越限制或束缚的欲望和激情。心理学也认为外界的压力，会造成人心理平衡的失衡，即心理的紧张，而紧张的释放即可为人的行为提供动力和能量。对于教育者而言，坚持教育过程的问题导向原则，才能不至于盲目地设定一个固定的目标和模式去推动大学生的发展，引起大学生的抵触情绪，而是通过对大学生存在问题的清晰化，然后去寻找有针对性的解决理论，正确合理地引导学生、帮助学生成长。

二　实事求是原则

《在改造我们的学习》一文中毛泽东指出：“‘实事’就是客观存在着的一切事物，‘是’就是客观事物的内部联系，即规律性，‘求’就是我们去研究。我们要从国内外、省内外、县内外、区内外的实际情况出发，从其中引出其固有的而不是臆造的规律性，即找出周围事变的内部联系，作为我们行动的向导。”[①] 他提倡实事求是的思想是为了反对党内的主观主义和教条主义，强调要从实际出发去寻找理论，总结规律，根本的目的在于解决行动中的问题，做到“有的放矢”“理论与实践的统一”。周恩来说：“说真话、鼓真劲，做实事，

① 《毛泽东选集》第3卷，人民出版社1991年版，第801页。

收实效。这四句话归纳起来就是：实事求是。”[1] 可见，在党内高级领导人的思想中，实事求是除了求“真”之外，更重要的在于求“实”，即“做实事、收实效”解决实际问题。邓小平说：“马克思、恩格斯创立了辩证唯物主义和历史唯物主义的思想路线，毛泽东同志用中国语言概括为‘实事求是’四个大字。”[2] 对于实事求是的地位，邓小平认为：“实事求是是马克思主义的精髓。”[3] 没有实事求是思想路线，就没有中国革命的伟大胜利，也没有我国改革开放、现代化建设的伟大胜利。这对于一个国家、党派如此，对于每个人的生存和发展而言亦是如此。因为是否坚持实事求是的原则是唯物主义与唯心主义的根本不同，远离了实事求是原则的自我超越就会滑向不可能成为现实的主观形式超越之中，而不得实效，所以实事求是原则与主体性精神追求实质超越的目的是一致的，它是大学生主体性精神培养的必然要求。

人们从实际出发，从“事实”中去“求是”，是要为活动和行为去寻求现实的“根据”，确立合理的“目标”，制定可行的“方针政策”，以便发挥人的超越性，有针对性地去改变客观限制的实际。作为一种自我超越的必然要求，实事求是的培养原则主要体现在以下几个方面：其一，大学生要打破已有不正确思想观念和行为习惯的束缚要依靠实事求是。马克思曾经指出，东方传统自然经济条件“使人的头脑局限在极小的范围内，成为迷信的驯服工具，成为传统规则的奴隶，表现不出任何伟大的作为和历史首创精神”[4]。任何一个人的思想离开了实事求是原则就容易僵化，成为本本主义、传统观念、日常习惯的奴隶，形成一种主观偏见。只有坚持实事求是的原则，大学生才会客观地分析问题，正确看待问题，不为错误的旧观念、旧习惯所

① 《周恩来选集》下卷，人民出版社 1984 年版，第 350 页。
② 《邓小平文选》第 2 卷，人民出版社 1994 年版，第 278 页。
③ 《邓小平文选》第 3 卷，人民出版社 1993 年版，第 382 页。
④ 《马克思恩格斯文集》第 2 卷，人民出版社 2009 年版，第 683 页。

限，树立自信，敢于超越。其二，大学生只有实事求是，才能有效克服容易好高骛远、走极端和主观偏见的不足，也只有在实事求是的基础上对自身认识的不断修正，才会有真正的超越。自我超越如果离开了“实事求是”，就会改变超越的初衷，使超越陷入想入非非之中。其三，教育者只有实事求是地站在大学生的立场看待他们所遇到的问题，培养大学生的主体性精神，才会有现实的落脚点，扮演好教育者应当所处的角色，引发师生之间的共鸣。其四，大学生自我超越的过程和结果也必须以实事求是为检验的标准。没有实事求是的检验标准，我们就无从判断超越的实际效果。因此，一旦我们背离了实事求是的原则，培养大学生的主体性精神是不可能成功的。

三　实践活动原则

实践活动是“可感知”“可观察的活动”，是实在的、现实的活动，是事实上存在的、并非想象和假设的活动。现实性是实践活动的一个显著特点。列宁曾说实践具有“直接现实性的品格”[①]。实践与理论不同，理论是纯粹观念上的东西，实践是观念现实化，表现为是否存在可实际感知的客观事物。实践活动是由精神变物质、由主观到客观的过程，即是一个对象化、客观化的过程。认识是经验、思想、理论等观念性的东西，本身并不是事物客观存在，而实践的结果则导致事物出现或变化的存在。超越性目标包含着现实性的可能，目标从可能要变为现实，要有现实的根据和条件的发展，并不是建立在空想上。一般说来，在现实中具备了发展根据和条件的目标，就有可能变为未来的现实。但是，并不是在一切情况下都能充分展开现实中的根据和条件，提供发展的一切可能性，目标从可能向现实的超越需要一个决定性条件，就是以人的实践活动为中介，不经过这一环节，就不能实现由主观超越到现实超越的转化。人凭借着实践活动的超越本性

① 《列宁全集》第55卷，人民出版社2017年版，第183页。

不断扬弃对象对自身的限定或束缚，从而在不断超越自在世界的同时，也不断重构自己的本质世界。

对于人类实践活动的形式，毛泽东说："人的社会实践，不限于生产活动一种形式，还有多种其他的形式，阶级斗争，政治生活，科学和艺术的活动，总之社会实际生活的一切领域都是社会的人所参加的。"① 这就是说，生产活动、阶级斗争、政治生活、科学和艺术活动是人们从事的主要的社会实践活动。在高校教育领域的实践活动包括课外活动、社会调查、社团活动、竞赛活动、岗位实习、创业活动等基本形式。通过设计校内外多种多样的实践活动，让大学生在参与实践活动中将知识对象化为自身的本质力量的现实，在直观可感的现实当中将模糊的观念得以澄清、明朗，达到教育培养人的目的。马克思说："随着对象性的现实在社会中对人说来到处成为人的本质力量的现实，成为人的现实，因而成为人自己的本质力量的现实，一切对象对他说来也就成为他自身的对象化，成为确证和实现他的个性的对象，成为他的对象，而这就是说，对象成了他自身。"② 正是由于实践活动具有对象性的特点，使得大学生可以将各种知识文明成果更深刻地理解，积累丰富的感性经验，在跨越学习、生活的限制、束缚的障碍过程中，建构着自己的世界观、人生观、价值观。

四　利益引导原则

马克思说："需要使其他一切利益都从属于他们的利益。"③ "'思想'一旦离开'利益'，就一定会使自己出丑。"④ 这就是说人们的需要代表着人们的利益，人们总是从利益出发来选择自己的行为的。培

① 《毛泽东选集》第1卷，人民出版社1991年版，第283页。

② 《马克思恩格斯全集》第42卷，人民出版社1979年版，第125页。

③ 复旦大学法律系国家与法的理论、历史教研组编：《马克思恩格斯论国家与法》，法律出版社1958年版，第376页。

④ 《马克思恩格斯文集》第1卷，人民出版社2009年版，第286页。

养人的自我超越的思想理念，最终要体现出人的利益的选择，同样是离不开利益驱动。这是因为自我超越打破生存与发展的限制或束缚，本身体现出的就是人对利益的强大追求力量，也就是说获得自身的自由与解放，赢得生存和发展之利。正如马克思所说：“人们为之奋斗的一切，都同他们的利益有关。”[①] 人的意志选择趋利避害，最容易受到外部利益的牵动和诱导，一旦新的利益出现，人的需求就会受到调动，从而导致新动机的生成。谭培文说：“利益机制通过调节人与人之间的利益关系，对人们的行为方式产生一定的导向和规范作用。”[②] 这个利益的导向体现在人的选择上，“选择是有标准的选择，这种标准就是是否有利于自己的生存和发展。什么是有利的，什么就作为目的固定下来；什么是有害的，什么就会作为非目的性而回避。近代唯物主义把这种趋利避害的选择，叫做人的本性。这是不符合客观事实的。趋利避害不是人的本性，而是人们活动的动力。”[③] 实践活动是有目的的活动，这个目的体现的是他们的利益，“利益是活动的内驱力。活动的动机目的是由利益产生。从最初的人类的吃、穿、住，这也是活动最直接的动机，它是由利益产生的。现代的人类较高层次的活动，也是利益产生的”[④]。可见，对主体性精神培养而言利益引导是必要的驱动因素。

教育不是利益的真空，特别是对成人的教育尤其如此。正如恩格斯所指出的：“在社会历史领域内进行活动的，是具有意识的、经过思虑或凭激情行动的、追求某种目的的人。”[⑤] 这就是说人有着自己的利益和价值选择，不符合他们利益或价值选择就会遭到他们的排

---

① 《马克思恩格斯全集》第1卷，人民出版社1995年版，第187页。

② 谭培文：《利益认同机制研究——基于社会主义核心价值体系认同视角》，中国社会科学出版社2014年版，第41页。

③ 谭培文：《马克思主义的利益理论——当代历史唯物主义的重构》，中国社会科学出版社2013年版，第138—139页。

④ 同上书，第139页。

⑤ 《马克思恩格斯文集》第4卷，人民出版社2009年版，第302页。

斥，认为是与自己无关的存在。过去我们有些德育效果比较差，与没有触及受教育者真正的利益和价值需求是相关的。如何才能做好对大学生的利益引导？这需要从两方面着手：一方面，要使他们认识到教育的内容于己有直接或间接的利害关系存在，然后大学生才会自觉地作出趋于理智的行动选择。对于比较长远的利益、社会整体的利益尤其需要通过教育的引领才能够得以清晰和理解。另一方面，则是要利用现实的利益驱动大学生的自我超越。人的发展是多方面的，利益也就是多方面的。既包括精神利益又包括物质利益的鼓舞与引导。通过获得精神和物质利益来达到大学生对自身的一种肯定，激发大学生的超越热情，是主体性精神培养的必要激励手段。

五　全面发展原则

何为人的全面发展？马克思说："人以一种全面的方式，就是说，作为一个完整的人，占有自己的全面的本质。"[①] 在马克思那里，人要通过对象性的实践活动全面地占有自己的本质，成为一个"完整的人"、全面发展的人，而不是畸形发展的人。全面发展不是面面俱到，浮于表层的平面式发展。"术业有专攻"，每个人有限的时间和精力限定了只有在自己从事的那个领域深入发展，并由此拓展着其他相关领域的发展，进而形成一个有着相互联系的面上发展又有纵深发展的全面发展。恩格斯说共产主义社会，"教育将使年轻人能够很快熟悉整个生产系统，将使他们能够根据社会需要或者他们自己的爱好，轮流从一个生产部门转到另一个生产部门"[②]。恩格斯所说的人的全面发展不是指整个社会的所有部门的通晓，而是用了"从一个生产部门转到另一个生产部门"，因此全面发展是一个不断推进的概念，不是绝对意义上的概念；他用了"很快熟悉"这一词，意味着全面发展

① 《马克思恩格斯文集》第1卷，人民出版社2009年版，第189页。

② 同上书，第689页。

是在人的能力范围之内，否则人们也无法达到“很快熟悉”整个生产系统；“根据社会需要或者他们自己的爱好”这一限定，人的全面发展还是具有一定的偏向和侧重，“社会需要”和“自己爱好”绝不是那种指什么事情只知道一点的通才。因此，马克思主义人的全面发展是相对于片面发展而言的，是人不断超越才能达到的自由而全面发展的意义上说的。

对于全面发展包括什么内容？马克思说：“人的依赖关系（起初完全是自然发生的），是最初的社会形式，在这种形式下，人的生产能力只是在狭小的范围内和孤立的地点上发展着。以物的依赖性为基础的人的独立性，是第二大形式，在这种形式下，才形成普遍的社会物质变换、全面的关系、多方面的需要以及全面的能力的体系。建立在个人全面发展和他们共同的、社会的生产能力成为从属于他们的社会财富这一基础上的自由个性，是第三个阶段。”[①] 由此可见，人的全面发展应包括全面的关系、多方面的需求、全面的能力及自由个性这四方面的含义。首先，人的全面发展是人社会关系获得全面发展。马克思说人的本质“在其现实性上，它是一切社会关系的总和”[②]。人不是单纯的生物学意义上的人，他的存在与社会发生着联系。所以，人的生存和发展限制的超越注定也离不开社会关系，这不仅关系着人的生存，而且制约着一个人所能超越的程度。人的自我超越绝不意味着“单子式”的自我生成、自我完善，而是有着一定的社会关系作为前提基础支撑着人的超越。马克思说：“只能在社会中发展自己的真正的天性。”[③] 也就是说，“一个人的发展取决于和他直接或间接进行交往的其他一切人的发展”[④]。一个人同他人结成的社会关系越广泛、越紧密、越先进，他的超越获得发展也就越有可能、越快、越全面而自由，反

① 《马克思恩格斯文集》第8卷，人民出版社2009年版，第52页。
② 《马克思恩格斯文集》第1卷，人民出版社2009年版，第501页。
③ 同上书，第335页。
④ 《马克思恩格斯全集》第3卷，人民出版社1960年版，第515页。

之，其超越性发展就必然受到更多的限制，陷入畸形化和片面化发展。同时，人的自我超越，也在不断地丰富着自己的社会关系，随着超越的提升，人与社会之间的联系也变得愈来愈广泛、深厚。马克思说："环境的改变和人的活动或自我改变的一致，只能被看做是并合理地理解为革命的实践。"① 处于"革命的实践"的人改变着自然、社会与自己的社会关系。因此，人的社会关系的全面发展既是自我超越的要求，也是自我超越不断发展的结果。其次，人的全面发展是多方面需求获得满足。多方面需求绝不意味着是人的凭空想象，而是与人受到的客观限制或束缚相联系的，即现实中获得生存和发展就是人根本的需求。随着需要不断地向更高层次发展，人们"满足需要的活动和已经获得的为满足需要而用的工具又引起新的需要"②。走向全面发展的人，不断提升需要层次的人，才会克服那种狭隘的、任性、自私的需要，把自我发展的需要与社会发展需要融为一体。正如袁贵仁所说："人越全面发展，社会的物质文化财富就会创造得越多，人民的生活就越能得到改善，而物质文化条件越充分，又越能推进人的全面发展。"③ 再次，人的全面发展是能力获得发展。马克思说："任何人的职责、使命、任务就是全面地发展自己的一切能力，其中也包括思维的能力。"④ 马克思说全面发展意味着人的能力的全面生成。能力是解决问题，突破客观限制所体现出来的人的超越力量，全面的能力发展也就意味着全面超越实现的可能。最后，人的全面发展是自由个性的生成。全面发展的最高层次，就是自由个性的生成。全面发展不是雷同发展，一个模式发展，而是个性化的全面发展，即每个人有着他自己"个性化"的全面发展，但是，个性自由发展不是任性自由发展。马克思主义认为

① 《马克思恩格斯文集》第 1 卷，人民出版社 2009 年版，第 500 页。
② 同上书，第 531 页。
③ 袁贵仁：《人的全面发展学说的新境界》，《教学与研究》2001 年第 10 期。
④ 《马克思恩格斯全集》第 3 卷，人民出版社 1960 年版，第 330 页。

人“是由于有表现本身的真正个性的积极力量才得到自由”①。个性的积极力量不是任性，作为人发展的最高层次“自由个性”也是远非任性和无知所能获得。

大学生主体性精神培养的全面发展原则有利于克服大学生单子式的发展、片面的发展、夸张的需求、任性的个性，发展出大学生自身与社会、自然的和谐、自由关系，全面发展才能走向自我的完善，“至善就是人生的圆满，善是通向圆满之路”②。自我超越就是获得发展，不断地超越就意味着不断地扩展人在发展的纵向和横向上的本质力量，也就是全面的完善自身。因此，教育要培养大学生的主体性精神也意味着要使自我超越导向人的自我完善。

第三节　大学生主体性精神培养的方法

一　竞争压力法

竞争意味着在有限的资源之下，竞争的一方通过努力以期比对方获得更好的资源或成就。马克思说：“在大多数生产劳动中，单是社会接触就会引起竞争心和特有的精力振奋，从而提高每个人的个人工作效率。”③ 人类行为的这种“社会性接触”就决定了竞争现象的普遍存在。马克思、恩格斯在《共产党宣言》中说到资产阶级的自由竞争：“在它的不到一百年的阶级统治中所创造的生产力，比过去一切世代创造的全部生产力还要多，还要大。”④ 现实表明，资本主义存在竞争，创造巨大的社会财富，社会主义也存在竞争，使社会充满活力，所不同的是社会主义制度下的竞争是公平竞争，共同发展，而资本主义的竞争则是尔虞我诈，你死我活。社会如此，生活在社会当

① 《马克思恩格斯全集》第 2 卷，人民出版社 1957 年版，第 167 页。

② 高兆明：《存在与自由：伦理学引论》，南京师范大学出版社 2004 年版，第 244 页。

③ 《马克思恩格斯文集》第 5 卷，人民出版社 2009 年版，第 379 页。

④ 《马克思恩格斯文集》第 2 卷，人民出版社 2009 年版，第 36 页。

中的每个人同样避免不了竞争，竞争给每个人带来压力的同时也带来了超越的动力。压力是人能够感受到来自环境中他人或事物的限制，由此带来的实现目标或满足需要的不确定性而产生的心理紧张。著名心理学家勒温（K. Lewin）认为当个体在现实生活中缺乏某种东西时，便会伴有某种生理上的紧张状态，从而失去心理平衡，产生紧张焦虑的情绪体验。个体在其需要的压力下，就会激发起一种满足需要的动机，推动人去从事某种活动，以达到目的。当这一需要得到满足时，心理紧张就很快消除，心理重新获得平衡。受到限制从个体自身而言就是因为缺乏某种条件而导致受到限制，人为了弥补这一缺陷就会去提升自身的条件水平，解除压力和限制。因此，竞争给人以压力的同时也给人以超越的动力。

从词源上说超越包含有胜出、胜过之意，在竞争中超越对手意味着获胜。竞争作为大学生主体性精神培养的一个重要方法，是因为竞争本身具有两个显著特点，即强烈的主体自我存在感和超越对手的目的性。竞争的主体是非常明确的，别人不能代替，存在的问题和要实现的目标对于竞争者而言也是明确的，竞争反映的是主体的综合实力，最终竞争结果也是非常清晰客观地摆在主体面前。因此，通过开展竞争、竞赛性活动来培养大学生的主体性精神是比较好的方法。但是，需要明晰竞争只是通向主体性精神的方法和手段，它与主体性精神还是有所区别。主体性精神所指向的是客观存在的事物对人的限制或束缚，体现的是客观事物与人之间的限定关系，限制是人生存和发展不可回避的问题，不必然是人与人之间的竞争关系，而竞争有些是人为设定的，并非现实生活中非竞争不可的事，比如学生的文体比赛等。竞争有两种类型，良性竞争和恶性竞争。恶性竞争在于置对手于死地，不择手段，不讲规则。良性竞争则在于通过遵守规则，以正当的渠道获取资源的同时，创造更好的生存和发展的空间，同时，竞争对手之间除了竞争，还有合作关系，通过竞争，彼此双方都有所得。教育通过竞争性活动的开展来培养大学生的主体性精神，使得竞争双方的能力和水平都得到锻炼和提升。因此，培养大学生主体性精神需要竞争，但更要讲究良性的竞争。这就需要教育者科学地制定规则，开展公开、公平、公正的竞争活动，大学生在竞争赛场上要严格遵守规则，在竞争的同时收获友谊与合作。

二　批判建构法

批判在现代汉语的意思有澄清和否定错误的思想、言论和行为之意。在哲学中是对前提、事物的审查、反思之意。马克思说："新思潮的优点就恰恰在于我们不想教条式地预料未来，而只是希望在批判旧世界中发现新世界。"[①] "辩证法不崇拜任何东西，按其本质来说，它是批判的和革命的。"[②] 这就是说，马克思主义不是教条主义，不是宗教式的预言大师，马克思主义是在对旧世界的批判中，即辩证的否定中才发现新世界。批判的方法是马克思主义实践观的一个重要方法。毛泽东在《关于正确处理人民内部矛盾的问题》中指出："有错误就得批判，有毒草就得进行斗争。"[③] 毛泽东在反对本本主义、教条主义中树立批判的方法，在开展批评与自我批评中，使真理得以展现。在中国的革命事业和建设事业中中国共产党也难免会犯错误，但每次都会在挫折面前自我的批判中澄清认识，改正错误，更好地前行。党派的成长如此，每个人的成长亦是如此，没有批判就不能获得更好的成长。但是，马克思主义的批判不是为了批判而批判，而是为了建构新的世界。马克思说："批判已经不再是目的本身，而只是一种手段。"[④] 因为在马克思看来，"问题在于改变世界。"[⑤] 批判并不是最终目的，批判指向的是实践创造出可能的"新的世界"，使人获得

---

① 《马克思恩格斯全集》第1卷，人民出版社1956年版，第416页。
② 《马克思恩格斯文集》第5卷，人民出版社2009年版，第22页。
③ 《毛泽东文集》第7卷，人民出版社1999年版，第233页。
④ 《马克思恩格斯文集》第1卷，人民出版社2009年版，第6页。
⑤ 同上书，第502页。

解放与自由。

马克思的批判建构的思想方法，是对旧世界扬弃的方法，是包含着肯定的否定，是人在批判当中建构着可能的世界。这就是大学生主体性精神有效的培养方法，具体有以下几个方面：首先，批判是一个参照定位，确定理想的超越目标。批判不是满口胡言乱语，当我们批判一个事物时，一定得借助于一定的理论和事实标准作为参照，通过参照在自我批判和批判别人时照见的是自己的不足和问题的存在，从而更清晰、合理地定位自己的目标和发展方向。马克思说："对当代的斗争和愿望作出当代的自我阐明（批判的哲学）。"① 这就是说，通过"批判的哲学"目标愿望才能够得以阐明清晰。其次，批判是一种超越的激情和勇气的表现。马克思在《〈黑格尔法哲学批判〉导言》中说："批判不是头脑的激情，它是激情的头脑。"② 这就是说，批判是一个包含着激情的理性，在批判中憧憬着未来的新世界给人以饱满的激情。这种激情也是一种勇气的表现，因为否定和质疑业已存在的被认为是合理的"旧世界"需要勇气，批判别人需要勇气，自我批判同样需要勇气。只有通过深刻批判的事物，人们才不愿忍受不足和缺陷对人的限制，在超越限制中使自身获得发展。毛泽东说："马克思主义者就是要在人们的批评中间，就是要在斗争的风雨中间，锻炼自己，发展自己，扩大自己的阵地。"③ 马克思主义者正是以这种勇气和胸怀，才促成了马克思主义的理论和事业的不断发展和壮大。最后，批判才会使人的超越向可能世界展开。黑格尔指出："批判即需要一种普通意义的反思。"④ 批判本身是一种对理论和实践活动的再反思，即"力求思想自觉其为思想"，通过批判性的反思来达到对事物本质认识的深化。马克思说："资产阶级经济学只有在资产

① 《马克思恩格斯文集》第10卷，人民出版社2009年版，第10页。

② 《马克思恩格斯文集》第1卷，人民出版社2009年版，第6页。

③ 《毛泽东文集》第7卷，人民出版社1999年版，第232页。

④ ［德］黑格尔：《小逻辑》，贺麟译，商务印书馆2009年版，第7页。

阶级社会的自我批判已经开始时，才能理解封建的、古代的和东方的经济。”① 没有通过批判的反思，人们就不能很好地理解社会运行的本质规律，解释过去的存在，走向未来可能的社会。因此，只有批判达到对本质深刻的认识，才会使大学生打开已经封闭的固有观念，向可能的世界展开。

列斐伏尔在日常生活批判理论中说日常已经习惯的生活世界需要批判。而整个高等教育的思想要深入大学生的头脑中同样需要批判建构的方法。这个方法就是运用马克思主义的唯物辩证法、批判性思维对教学内容、日常生活、学习难题、社会不良行为等进行批判与自我批判。通过教育的批判和自我批判，克服思想的狭隘性、片面性和暂时性对人的限制，建构大学生自我完善和自我发展之路，提升人的生存和发展空间。

三　交往发展法

交往有交流、交际、交谈、沟通等意。马克思把交往看作“人对人的作用”“人们的交互作用”或“个人的相互作用”，其实质是人的社会关系。马克思说：“一个人的发展取决于和他直接或间接进行交往的其他一切人的发展……单个人的历史决不能脱离他以前的或同时代的个人的历史，而是由这种历史决定的。”② 社会关系作为人的本质是在交往中形成、展开和实现的。马克思主义创始人从宏观的角度考察了交往在人的发展中的作用，指出“一个人的发展取决于和他直接或间接进行交往的其他一切人的发展”③，“每个人的自由发展是一切人的自由发展的条件”④。这里的交往体现了人与人之间的合作的关系，在这种关系中确证着人的本质，强调的是相互交往对人发展的重要性。

---

① 《马克思恩格斯文集》第 8 卷，人民出版社 2009 年版，第 30 页。

② 《马克思恩格斯全集》第 3 卷，人民出版社 1960 年版，第 515 页。

③ 同上。

④ 《马克思恩格斯文集》第 10 卷，人民出版社 2009 年版，第 666 页。

交往所反映的是人与人之间的互主体关系。在交往关系中每个人都是主体，都是彼此间相互关系的创造者，交往改变了单方面的主体对客体的关系，交往是双方或多方交流之意，而这个交流中间有一个客体的存在作为中介，因此通常认为交往的理想结构是“主体—客体—主体”模式，即作为主体能动的人之间通过某一客观存在的事物达到交流、理解、互利的相互作用过程。交往之所以是大学生主体性精神培养的重要方法，主要体现在以下几个方面：一是，这种方法可以比单纯的“主体—客体”方式获得更全面有效的信息。孤立单子式的自我面对的信息来源毕竟有限，因为一个人的活动范围、能力和所能接触到所认知事物的视野是有限的，通过“主体—客体—主体”方式交往，大学生之间相互理解、平等、互助，共同分享着关于客体的经验和信息，使得人对客体的认识信息更为全面和丰富，避免孤立生活或局限于个体直接经验而造成发展的狭隘性和封闭性。正如马克思所说人区别于动物的显著特性：“动物不能把自己同类的不同属性汇集起来；它们丝毫无助于自己同类的共同优势和方便。人则不同，各种极不相同的才能和活动方式可以相互为用。”① 这就是说，人可以通过交往来获取别人的优点和间接经验，成为发展自身的宝贵资源。二是，这一方法比单纯的“主体—客体”方式获得个人难以达到的全面的超越力量的支撑。马克思揭示了生产与交往的内在相关性，提出：“各个人——他们的力量就是生产力——是分散的和彼此对立的，而另一方面，这些力量只有在这些个人的交往和相互联系中才是真正的力量。”② 可见，交往本身就带来了超越的力量。因为，单纯的主体对客体的改造只是力量的一个方面，而“主体—客体—主体”的方式使得两个主体或多个主体同时对待同样的客体，大大地提升了人改造客体的力量，这意味着人对客观限制的超越有了更多的力量来源。

---

① 《马克思恩格斯文集》第1卷，人民出版社2009年版，第240页。

② 同上书，第580页。

正如马克思所说，人只有在普遍交往活动中“单个人才能摆脱种种民族局限和地域局限而同整个世界的生产（也同精神的生产）发生实际联系，才能获得利用全球的这种全面的生产（人们的创造）的能力”①。三是，交往的主体之间存在着差异，容易对客观事物原有认识平衡的打破，获得认识的质的飞跃。系统论自组织理论告诉我们，事物处于平衡态，线性规律起主导作用；而只有打破平衡态时，非线性规律才起着主导作用。线性规律遵循叠加原则，不可能产生出系统的新质，而非线性规律不遵循叠加原则，会产生出系统整体的新质。有差异的个体之间相互交往，彼此对同样的问题认识有差异，信息之间就容易形成涨落，避免了信息的单一化、确定性，就个体而言有了信息的涨落就意味着有着相互激发灵感，引发认识质变的可能性。四是，交往能够发现自我，打破自我的封闭。“主体—客体—主体”的方式意味着主体之间处理与客体的关系时有个对照，从对方身上发现自己。马克思说：“人同自身的关系只有通过他同他人的关系，才成为对他说来是对象性的、现实的关系。”② 人们在相互交往中，将自己的情感、思想观念等本质力量表现出来或对象化到他人的身上，然后从他人的反应中认识自我的本质力量；或者在交往中通过观察他人的内在本质力量来了解自己的本质力量；或者以他人的眼光和尺度来看待自我，这样他人就成为个体认识自我的“镜子”。德国哲学家卡西尔指出：“人只有以社会生活为中介才能发现他自己，才能意识到他的个体性。”③ 个体正是借助他人而对自己不断进行认识、评价、调节与整合，从而逐步建立起自我意识系统，即内在主观世界。如果没有交往的发展，人就会处于自我陶醉、自我迷失的状态之中，“在狭窄的范围内和孤立的地点上发展着”而不自知。在这样的境况下，人的一切活动只

① 《马克思恩格斯文集》第1卷，人民出版社2009年版，第541—542页。

② 《马克思恩格斯全集》第42卷，人民出版社1979年版，第99页。

③ ［德］卡希尔：《人论：人类文化哲学导引》，甘阳译，上海译文出版社2013年版，第381页。

能围绕着眼前的生存而进行，人们根本不可能获得自由而全面的发展，甚至不可能提出自由而全面发展的目标和任务。因此，只有造就普遍而广泛的社会交往，通过他人照见自己，才会克服狭隘个人的局限。

大学生的主体性精神不可能在单调、贫乏、封闭的氛围中培养出来。通过交往的方法培养大学生的主体性精神要注意以下几点：首先，交往的方法强调要有中介客体。对于自我超越的人而言，最大的客体就是客观存在的某个事物对人的生存和发展所产生的限制或束缚，如果交往瞄准了这个客体作为人要超越的关键问题，人之间的交往目的就会相对明确，交往也就有了共同的话题，不会成为没有指向的随意胡聊。其次，交往的方法要有互换角色的思考问题。大学生之间有着不同的角色，站在对方的角度来思考问题，这样的换位思考使得相互之间的理解成为可能，同时也使得我们在不同的换位之中来达到对问题的深化理解和全面把握，同时交往的双方不断通过对对方和对教育内容的理解，实现着思想、情感、人格、精神和信息能量等方面的交流、共鸣与沟通，重构已有的认识、情感、意志。因此，在教育活动中通过师生交往、生生交往、互换角色来达到相互理解的目的。最后，交流的方法强调要突破课堂教学只有一个传输模式的格局，要多用探讨、对话活动并且在可能的情况下走向社会交往的生活场域去参观、实训、调查等，以此来扩大大学生与社会交往的目的。

四　榜样教育法

榜样教育法就是用先进人物的行为和事迹作为榜样，引导受教育者学习榜样，促使受教育者提升认识、获得发展的方法。榜样教育法通过榜样人物的示范，使其他人学习、模仿具体的榜样达到与榜样人物相近或相似的发展效果。马克思说："全部社会生活在本质上是实践的。"[①] 这等于在说，人的认识和才能不是先验的，而是通过实践

① 《马克思恩格斯文集》第1卷，人民出版社2009年版，第501页。

得来的。既然认识和才能可以通过人的感性实践获得，那就意味着人是可以通过自己实践创造或者学习别人的实践经验来优化自己的实践创造。美国新行为主义的心理学家阿伯特·班杜拉（Albert Bandura）通过大量的实验研究证实了这点，他认为个体几乎所有由直接经验而来的学习现象，都可以直接通过观察别人的行为及其结果而替代地发生。这就意味着，人的许多思想和行为都是可以通过观察、模仿榜样来习得。

为什么榜样教育是大学生主体性精神培养的良好方法？这是因为榜样教育具有现实性特点，处于现实受到限制或束缚困境中的人要寻找到希望的力量，榜样教育提供了实现理想目标可能性的鲜活例子，这必将坚定人超越限制的自信心，形成强大的心理力量。正如，列宁在农业改造中所说：“运用榜样的力量，而不能对中农施用任何暴力，才能实现向集体农业的过渡。”[①] 榜样人物对于大学生而言，是实现了大学生想实现而未实现的理想目标。这个理想目标在榜样人物身上得到实现并生动地展现出来。这就会形成人的一种预期心理，榜样能够在他所处的条件下实现某种理想目标，自己拥有与榜样相似或更好的条件，只要付出努力，也应该能够实现理想目标。这个理想目标也就成为大学生的一种感召力量，激发着大学生自我超越的热情，并以榜样人物为目标不断地自我“榜样化”。

榜样教育作为培养大学生主体性精神的方法需要注意以下几点：一是，要选取真实可信、可亲的榜样。有些“高大全”的典型，听起来很感人，但是却不够真实可信，让人觉得纯属是为了榜样而表演，为了增加感人而浮夸；有些“高大全”的典型只能让人仰望，遥不可及，很难去模仿，谈不上使人内心情感和思想上的共鸣。榜样一旦远离了真实，就容易误导人，让人质疑榜样不可学；榜样一旦与大学生日常生活、学习的差距过大，受教育者经过再多的努力也难以

① 《列宁全集》第39卷，人民出版社2017年版，第174—175页。

达到榜样的思想、行为高度，则会使他们畏难而退。因此，榜样择取要来自于现实真实可信、可亲的事例，让人觉得榜样就在身边，不遥远。二是，榜样的事迹要具体，既要有具体的结果又要有具体实现过程，这是榜样教育与理论教育的一大差别。结果具体，鲜活的事例证明，就会激发人对理想目标的向往，潜意识就会形成定向“别人能实现的目标，也是我将来要实现的目标”。过程具体才可以为受教育者提供可以参考的超越路径，降低超越的难度，提升超越的信心。马克思说：“世界不是既成事物的集合体，而是过程的集合体。”① 过程的具体才会让人感到这是可学的。榜样与受教育者之间在碰到困难大小、具体情况上是有差别，但是具体的解决办法、方式却是可以借鉴的。三是，学习参照并不是搬照。榜样意味着特殊性，只有寻找到特殊性背后的普遍性，我们对榜样的认识才是深刻的对事物规律的把握。因此需要把具体典型上升到普遍理论的高度，同时每个人通过比较榜样与自我之间异同，寻找出自身的差距，才能灵活地学习模仿榜样。四是，榜样教育实质体现出教育者对受教育者思想和行为选取的一种价值倡导，肯定什么，否定什么。这种价值观教育没有一定的环境背景，就不容易很好地强化。马克思和恩格斯说：“人创造环境，同样，环境也创造人。”② 正是环境可以塑造人，因此，要加强校园环境、家庭环境、社会环境的建设，形成一个热爱榜样、争当榜样、赶超榜样的良好风气。

五　情感激励法

情感是人的内在态度感受，激励是激发、鼓励之意。教育领域所谓情感激励法是指教育者运用一定的方式，对受教育者的情感发生影响，从而使其激发内在的精神力量的过程。列宁说：“没有‘人的感

① 《马克思恩格斯文集》第4卷，人民出版社2009年版，第298页。

② 《马克思恩格斯文集》第1卷，人民出版社2009年版，第545页。

情’，就从来没有也不可能有人对于真理的追求。”① 帕累托从社会学角度也说：“人类的大部分行为并不起源于人们的逻辑推理，而是起源于情感。”② 可见，人的行为不可能都做到完全理性，而且一开始人就是受动的、受限制的，人在限制面前首先受到触动的就是人的情感。人对事物的理性是在行动的过程中才逐渐深化的，所以列宁说出了“人的情感”是真理追求的必要条件。马斯洛人的需要层次理论认为人有爱、尊重、自我实现的高级需要，也印证着人需要通过情感去推动人的价值和意义的行为。那自我超越为什么要用情感激励法？这是因为人面临外界的生存和发展的限制就是对人的一种否定。人要超越限制首先需要情感上对否定的否定，即情感上的自我肯定。这虽然是形式上对限制的否定，并没有实质实现超越，但是却是必需的，无此，人就不会发挥潜力积极地实施超越行为，推动人朝着实质超越的目标奋进。因此，主体性精神运用情感激励法来培养人也就意味着通过一定的方式，促使受教育者从情感上做自我肯定，以此推动人的不断超越。

大学生主体性精神培养情感激励的方法运用主要体现在以下几个方面：第一，教育者对大学生要有所期望。心理学的“罗森塔尔效应”说明，当教育者对受教育者加以积极的期望和评价传导到学生那里，他就会受到鼓舞，产生积极的心理暗示，变得更加自信、更加努力，取得较为明显的进步。马卡连柯认为对学生的“尊重”就是指对他的力量和能力方面的信任，也可以说是对一个人能完成某种任务的期望。因此，对于大学生的发展，教育者要根据他们的意向和愿望制定他们经努力可以实现的目标，教育者对他们加以积极的期望和信任，促使大学生去实现超越目标。这是因为人的超越面临着一个重大

① 《列宁全集》第25卷，人民出版社2017年版，第117页。

② ［意］维尔弗雷多·帕累托：《精英的兴衰》，刘北城译，上海人民出版社2003年版，第3页。

的心理挑战就是自信心不足，而教育者代表着学生能力评判的权威，他的期望和信任代表着一种鼓励，会提振受教育者的自信心，勇于迎接挑战。第二，要学会宽容大学生的失败。人的超越由于一开始很难把握住事物的规律，遇到挫折和失误，甚至是失败也在所难免，因此常常表现出在错误与正确的辩证交织中前行。当学生遭遇挫折、失误或失败时，教育者既要指出问题，又要善于安慰学生，学会宽容学生的失败，而不是盯住学生的失败不放一个劲儿地批评、讽刺、挖苦学生。因为面临失败的时候，他容易泛化为对整个事情和人的能力的否定，这个时候教育者要对学生的优点加以肯定，来达到对学生失败情绪的平衡，即突出肯定的因素，激发出学生对超越的热情，不至于因失败而灰心丧气，然后，引导学生正确的归因，才能重新树立起学生自我超越的自信。第三，教育者在大学生进行超越的过程中提供适当的帮助，大学生就会受到激励。因为教育者的适当帮助在学生看来就是教育者对学生的特别的关心与关注，这就会让学生感受到教育者对自己的肯定，以至于通过更大的努力来实现超越，以回报教育者的关注。这就需要教育者深入大学生的内心世界，理解他们的喜怒哀乐和需求，真正关爱他们、帮助他们，从而使他们感受到来自教育者或者集体的温暖。但是，值得注意的是，帮助不是代替，宽容不是纵容，要把握好分寸。第四，当大学生取得成绩时教育者要及时加以客观地评价、表扬和赞赏。教育者对大学生的成绩积极评价和表扬，就会强化他们对于超越的自我认可，获得尊荣。这种强化就会激发出大学生以更大的激情挑战下一个困难。因此，适当的正面评价和赞扬能提高大学生的自信心，释放自我超越的热情。

第五章

大学生主体性精神培养的路径

大学生主体性精神的培养具有重要的现实意义，是新形势下高校思想政治教育“立德树人”的重要组成部分。在对大学生主体性精神不足现状与原因分析，培养目标、原则和方法研究的基础上，结合现时代的特点，本书从大学生个人、家庭、高校和社会四个维度提出了具体的培养路径，以求从各个层面促进大学生不断自我超越、成长成才的目的。

第一节　加强大学生自我修养的三个统一

大学生是面对问题限制超越的主体，是成长的主体，任何人都不可能实现他人代替自己求得发展。加强大学生自我修养，才能更好地自我完善、自我发展。

一　现实问题与理想目标的统一

列宁说：“理想只能是现实的某种反映。”[①] 理想不是脱离现实的完全孤立，理想来源于现实，是对现实的一种主观反映。真实的理想必有其客观的现实根据，是未来要展开成为的现实，是现实的发展趋势。我们所说真实的理想源于现实，又高于现实，这是因为现实总是

---

① 《列宁全集》第 1 卷，人民出版社 2013 年版，第 377 页。

包含着各种问题和缺陷的，理想是对现实问题的超越与否定，代表着一种未来美好的“应然”状态。正如马克思所说：“在批判旧世界中发现新世界。”[①] 正是由于现实当中的问题、缺陷的存在，人们在否定和批判现有问题、缺陷的基础上才提出了超越现实的理想。现实的问题与缺陷促使了人们对理想目标的热情追求和向往，进而用这种美好的“应然”来观照现实的问题和缺陷，在改造大量现实问题当中，一步步推进着理想的展开与实现，即实现着包含问题的“实然”与美好的“应然”的统一。

人的根本属性是社会性。大学生面临的发展问题从深层次讲仍然是社会的发展给大学生带来的挑战和机遇的问题。这就需要用社会的共同理想、社会的发展趋势来观照自己所面临的问题，自觉地把问题的自我超越与社会的共同理想、社会的发展趋势结合在一起。习近平总书记指出：“中国梦是全国各民族人民的共同理想，也是青年一代应该牢固树立的远大理想。”[②] 青年大学生“只有把人生理想融入国家和民族的事业中，才能最终成就一番事业”[③]，因此，大学生要用中国梦的远大理想去观照自己所面临要解决的现实问题，寻找出二者的契合点，制定具体可行的目标，把自身现实问题的解决与社会共同理想的追求统一起来，实现合目的性与合社会规律性的统一，为自我超越注入强大的生命力。

二 自我暗示与自我奖赏的统一

自我暗示是通过想象或内部语言、口头语言的方式对自己的思想、行为产生影响的途径。积极的自我暗示是一种自我的肯定，有助于人们更加富有激情和自信地面对问题和困难，消极的自我暗示则正

---

① 《马克思恩格斯全集》第 1 卷，人民出版社 1956 年版，第 416 页。

② 《习近平谈治国理政》第 1 卷，外文出版社 2018 年版，第 50 页。

③ 中共中央文献研究室编：《习近平关于实现中华民族伟大复兴的中国梦论述摘编》，中央文献出版社 2013 年版，第 51 页。

好相反。比如，要完成某一项可能的超越性目标时，我们可以想象实现的目标给人带来的自由的场景，或者在心中默念："我可以，我一定能超越!"等等。它会给人带来一种积极的心理暗示。之所以积极的自我暗示有助于自我超越，主要因为有以下几点：首先，积极的自我暗示具有排除负面情绪干扰的作用。面对困难我们常常意识到风险和可能带来的危害，由此人们产生诸如焦虑等负面情绪，影响其正常能力的发挥。积极的自我暗示则有助于稳定我们的情绪，排除杂念和干扰。其次，积极的自我暗示具有激发克服困难的激情。它容易使我们的情感聚焦于正在超越的事情，形成正面的心理情绪效应，激发出忘我投入的超越激情。最后，它具有增强自信的作用。经常积极地自我暗示，人就容易在重复当中强化积极方面的情绪。当人们以强烈的信念和期待进行多次反复的思量，那它必然会置于潜意识之中，成为一种积极行动的意念源头，达到增强自信、自我激励的效果。

自我奖励是个体在达到一定超越目标之后给予自己以适当的物质或精神上的奖赏。自我奖励与享乐主义不一样，自我奖励是为了激励自己去超越，而享乐主义是以享乐为目的，沉迷于享乐之中不能自拔。自我奖励在具体操作上，可以把一项艰巨的超越任务分成若干步骤，每完成一步就给予自己以奖赏。比如，大学生要完成某一项具有挑战性的学习任务，在每完成一步任务后，即奖赏自己听听喜欢的音乐、打打球、看场电影、品尝心爱的小吃等，然后又接着投入下一阶段的学习。之所以自我奖励有助于自我超越，主要原因在于：其一，有利于缓解前期的辛苦、紧张，使身心得以调节，为开展下一阶段的任务做好准备。正如古人所言"一张一弛，文武之道"，达到劳逸结合的效果。其二，在完成阶段性任务之后，适时的自我奖赏能够达到"报酬效应"，使自己的超越成就感得以充实，激励自己继续下去，不断超越。其三，自我奖赏能够达到自我强化的效果。当一个人经过努力，作出一定成就，当这个成就得到自己的充分肯定，就会激发出自己更高的超越热情。有了更高的超越热情，又会更加积极地去挑战更大的超越性目标，取得更大的成就。相反，如果所取得的超越成绩迟迟得不到肯定，积极性就会受挫，内心就会排斥超越性活动，认为超越意味着总是受苦，也就没有了挑战更大难度目标的勇气，自然不会付出更多的努力，取得更大的成就。

自我积极暗示着重从语言上对自我超越进行激励，自我奖励则更强调从实质获得感上给自己一个肯定，告诉自己："我干得好!"暗示自己接着干。大学生主体性精神培养只有把两者统一起来，才能达到从精神和物质上激励自己不断超越的理想效果。

三　贵在践行与自省建构的统一

习近平总书记指出："人类的美好理想，都不可能唾手可得，都离不开筚路蓝缕、手胼足胝的艰苦奋斗。"① 天上不会掉馅饼，再美好的远大理想和现实问题的解决都需要大学生们"撸起袖子加油干"，贵在践行才能把美好的愿望和设想转化为现实，否则就会脱离实际，误入空谈。通过积极践行来培养自己的主体性精神主要做好以下几点：第一，认识践行的重要性和紧迫性。实践是检验真理的标准，没有践行我们就无法判断原先自己设想的是否符合现实，与现实情况的差距在哪里。认识上的超越毕竟是形式的，唯有积极践行才能化形式为实质，化抽象为具体，没有践行的努力，一切都是画饼充饥。要认识到人们超越问题的限制是有时效性的，时不我待，坐等、空想只会使机遇丧失，问题变得更为复杂、更严峻、更难超越，只有加油干才有可能化难为易。第二，在实践当中要有意识地选择那些有现实可能的挑战性任务来超越，因为这样才会有问题的逼迫感，才能化压力为动力，迎难而上，激发出人的潜能，在实践中开辟出一条新的道路来，提升自己的综合实力，使自己获得充实感、成就感。第三，自主设定好的事情，从点滴开始做起，不畏艰苦、不畏麻烦，日

① 《习近平谈治国理政》第1卷，外文出版社2018年版，第52页。

积月累，在量变当中引发质变，在前期践行积累的基础上抓住机遇，推进后续预想的展开。第四，主动参与社会实践活动。在社会实践活动当中运用所学知识与现实情况相互映照、获得真知。在社会实践活动当中磨砺自己，培养提升自觉、自主、自信、自律、自为的能力和品质。正如习近平总书记所说："青年时期多经历一点摔打、挫折、考验，有利于走好一生的路。要历练宠辱不惊的心理素质，坚定百折不挠的进取意志，保持乐观向上的精神状态，变挫折为动力，用从挫折中吸取的教训启迪人生，使人生获得升华和超越。"①

习近平在全国哲学社会科学工作座谈会上的讲话引用了一句曾国藩的名言："不深思则不能造于道，不深思而得者，其得易失。"② 确实，没有经过深刻反思的东西，不会深刻。大学生的自我超越一方面要积极践行；另一方面也要重视自我的反思自省，践行没有反思就会流于一般的感性经验而不能升华，反思自省没有践行就会误入不着边际的空想。反省的方式可以直接自我对话也可以写在纸上进行自我对话。大学生运用自省来建构自己须要注意以下几点：首先，要坚持用马克思主义的立场、观点、方法来反思自己所遇到的问题和问题的解决过程，以及整个解决问题中自己所作出的努力，以提高自己的认识能力，坚定自己的马克思主义信仰，以免误入主观唯心的误区。其次，自省是为了更好地超越，而不是陷入自责之中不能自拔。自省要结合实践进行，而不是凭空盲目地遐想，其根本目的在于总结出实践中深层次的经验和规律，回归指导现实的实践。再次，自省要深化对原有问题的认识，在反思批判之中发现新的问题，为后续的实践和进一步发展找到突破口和清晰的方向。最后，通过对自己言行的自省客观地评价自己的优点和不足，给自己以正确的定位。在失败中通过自

① 《习近平谈治国理政》第1卷，外文出版社2018年版，第54页。

② 习近平：《在哲学社会科学工作座谈会上的讲话》，人民出版社2016年版，第11页。

省找到可控因素，在成功中找到偶然因素的存在，从而做到胜不骄、败不馁。

第二节　优化现代家庭教育环境

习近平总书记指出："家庭是人生的第一个课堂，父母是孩子的第一任老师。孩子们从牙牙学语起就开始接受家教，有什么样的家教，就有什么样的人。"① 家庭的教育对子女的世界观、人生观、价值观具有潜移默化的影响，不可低估，优化现代家庭教育环境对培养大学生的主体性精神起着重要作用。

一　适应发展需求，转变教育观念

一是，当今现代教育改革广泛而深刻地进行着，教育日益突破学校教育的界限。那种家长只重视对子女物质上的给予，而忽视精神上教育的做法，已经远远不能适应现代教育改革形势。因此，要转变过去那种认为"教育只是学校和老师的事""家庭教育在大学阶段便停止"的观念，深刻认识现代家庭教育是学校教育的重要补充，可以弥补学校教育中的不足之处，实施对子女的因材施教。二是，要转变那种"唯成绩""唯就业""就业唯金钱"论的急功近利思想。在一些家长眼里只认可子女考出所谓的"好成绩"、找到所谓的"好工作"，并以此来评判子女的成败得失，而忽视子女学习过程、发展过程的重要性。一些父母投资教育一开始的目的就极为功利，特别是部分来自农村家庭的父母，希望子女快点毕业找份"好工作"使家庭有回报，考出所谓的"好成绩"使家长有面子，否则就认为"读书无用"。正确的现代教育观念应当要从子女长远的发展来看，引导子女全面发展自己，既要发展自己的强项，又要弥补自己的不足。因此，父母在教

---

① 《习近平谈治国理政》第2卷，外文出版社2017年版，第354页。

育投入上，既要投向子女学费、日常生活费等必须性教育项目，又要投向子女兴趣、爱好的个性额外扩展性教育项目。三是，家长要学会适当欣赏子女。心理学家威廉·詹姆斯说："人性最深切的渴望就是获得他人的赞赏。"希望得到赞赏是人之常情，更何况是父母的赞赏。当子女遇到困难，遭遇失败、挫折的时候要善于发现子女在付出努力的过程中的闪光点并给予肯定和赞赏，并帮助其实事求是地分析和归因，鼓励子女遇到困难要坚持不懈，使他们重新树立起超越的信心，让子女感受到家长永远是自己的精神支柱和坚强后盾，而不是过多的指责、埋怨，甚至是打骂、讽刺挖苦。当子女取得成绩的时候，也不要吝啬肯定和赞赏，但同时也要及时指出其存在的问题，使其全面看待自己，做到胜不骄、败不馁。

二　建立理解融和的亲子关系

亲子关系是指父母与子女之间的相互关系，建立理解融和的亲子关系有助于子女的自由、和谐发展。第一，家庭民主是现代教育的基本原则。在传统的教育方式中，父母往往高高在上，站在自己的立场而非设身处地站在子女的立场上来考虑问题，常常以"虎爸""虎妈"式的姿态教训子女，而不是充分尊重和理解子女的选择和意愿的基础上去教育引导，影响父母和子女之间的亲子关系。家庭民主意味着家长尊重子女的决定、放弃作为家长高高在上的优越感和支配欲望，也意味着家长一种涵养和宽容的高尚品格，是一种良好的家风。它有利于避免家长过度地干涉和包办子女的事情，培养子女的自主精神，提升他们独立解决问题的能力。但是作为父母还要注意避免无原则地民主，如过度放纵，失去合理的限制；过度满足，无条件付出；过度保护，使子女成为"温室里的花朵"。第二，要经常与子女交流沟通。对于大多数大学生而言都是异地上学，离开了家庭，获得了更大的自由，一方面有利于大学生的自主发展；另一方面由于新的环境、新的问题他们又希望能够得到来自家长的指导。家长要明白他们的这种需求，利用微信、QQ、微博等网络交流平台，通过语音、视频等形式加强与子女交流沟通。父母通过交流鼓励子女勇敢面对困难和问题，同时有针对性地提供自己可供解决问题的参考意见，并且鼓励他们扩大交往圈与亲朋好友、同学老师多交流、多请教。第三，多开展家庭实践活动。在现实当中由于家长都比较忙，特别是父亲忙事业，忙应酬，常常教育缺位，不利于子女的成长。家长可以利用子女的假期抽出时间多与子女开展一些实践活动，比如红色旅游，参观博物馆，参加社会公益活动、体育竞赛、生产劳动等，有条件的家长还可以设置一些家庭创新项目，使家庭成员个个成为创客，通过创造性实践来激发家庭的创造活力。通过这些实践活动的开展融洽亲子关系，增长子女社会见识，锻炼实践能力，激发自我超越的热情。

三　重学笃行，言传身教

首先，父母要做学习的榜样。随着现代社会的发展与进步，知识以前所未有的速度更新，作为肩负教育子女任务的父母，如果不能及时地更新自己的现代知识和思想观念，不加强理论学习，思想修养，则极有可能丧失教育子女的主动权，容易与子女产生代沟，无法保证家庭教育的应有功能。马克思指出："教育者本人一定是受教育的。"[①] 因此，要提高家庭教育能力，教育好子女，父母首先要加强自身知识学习，提高综合素质，在子女面前树立学习的榜样。其次，父母要成为言和行一致的榜样。有些家长说是一套，做又是一套，自身不正，没有担当精神，对子女造成不良影响。因此，要求子女做到的，家长要尽量先做到。要求子女要有自我超越的精神，父母应该自己要有所追求，面对问题积极进取，并朝着自己设定的方向而奋斗。用自己的言传去影响子女，用自己的身教去潜移默化地规范子女行为。父母不单是自己做榜样，而且要在众多的亲友中为子女找到可供

① 《马克思恩格斯文集》第1卷，人民出版社2009年版，第500页。

效仿的榜样，鼓励相互学习，激励积极进取。最后，父母要成为吃苦耐劳的榜样。吃苦耐劳是中华民族的优秀传统美德，也是一个人意志力的体现，在现代社会需要提倡。“成由勤俭败由奢”是很多优秀家庭的家训，在很多历史伟人的传记中记载自己的父母都是吃苦耐劳的典范。能够吃苦耐劳的人在碰到困难和问题的时候才不会退缩，勇于战胜困难。

第三节　完善学校教育新路向

习近平总书记在全国高校思想政治工作会议上强调：“要坚持把立德树人作为中心环节，把思想政治工作贯穿教育教学全过程，实现全程育人、全方位育人，努力开创我国高等教育事业发展新局面。”① 高校教育的根本核心在于立德树人，培养社会主义合格的建设者和接班人，整个高校教育教学就是一个“大思政”全方位、全程育人的过程。高校对大学生主体性精神的培养就是要融入“大思政”之中，培养在问题和困难面前具有自我超越的当代大学生。这需要通过进一步完善学校的教育教学，来达到培养人的目的。

一　深化理想信念教育

习近平总书记指出：“没有理想信念，理想信念不坚定，精神上就会‘缺钙’，就会得‘软骨病’。”② 对任何一个人而言，面对问题、困难和压力没有远大的理想信念就会得精神上的“软骨病”。缺乏理想信念大学生的思想就会被功利主义、实用主义、享乐主义所腐蚀，而缺乏超越的维度。但是，当前理想信念教育也存在流于形式之弊，

① 《习近平谈治国理政》第2卷，外文出版社2017年版，第376页。

② 中共中央文献研究室编：《十八大以来重要文献选编》（上），中央文献出版社2014年版，第80页。

因此，需要深化理想信念教育。

（一）用“中国梦”激扬“青春梦”

习近平总书记指出：“用中国梦激扬青春梦，为学生点亮理想的灯、照亮前行的路。”① “中国梦”的核心就是实现“两个一百年”的奋斗目标。它是中国人民追求国家富强、民族振兴、人民幸福、个人出彩的美好梦想，是共产主义最高理想在社会主义初级阶段的具体目标，是中国特色社会主义道路的必然结果。近代以来的中华民族饱受帝国主义的侵略和压迫，山河破碎、民生凋敝，甚至几次都走到了亡国灭种的边缘，但是无数仁人志士从未泯灭民族解放、国家富强之梦。可以说，中华民族近现代史就是一部风雨兼程的超越史，整个中华民族就是一个命运共同体，任何一个人生存和发展的命运都与国家兴衰成败息息相关。艰苦的奋斗历程为中华民族积累了宝贵的物质和精神财富，实现中华民族伟大复兴之梦愈来愈近，当下中国正经历着广泛而深刻的社会变革，这是国人大有可为的时代，在“中国梦”的召唤下，大学生必将“点亮理想的灯”，照亮前行的自我超越之路。

“个人梦”不是在“中国梦”之外奏响自我生命的强音，只有具备了“中国梦”意义的“个人梦”，才会走向通往实现自我超越的康庄大道，因为，社会对个人而言有其制约性和决定性，个人的所有超越都离不开社会发展这个大舞台，社会为个人的生存和发展提供了现实的条件、机会以及未来梦想实现的可能，只有那些同社会前途命运相结合的人，才不会被社会发展所淘汰。同时，社会全体成员的共同努力，又推动着中国建设成为富强、民主、文明、和谐的现代化国家的目标转化为现实。高校深化“中国梦”教育，向大学生诠释“中国梦”的历史必然，从现实角度向大学生解读“中国梦”的现实要求，使他们能自觉地理解“中国梦”，从内心深处认同“中国梦”，

① 《习近平谈治国理政》第2卷，外文出版社2017年版，第378页。

自觉自愿地把“个人梦”融入“中国梦”之中，树立起远大的梦想并付诸实践，努力成为“中国梦”的参与者、传播者、践行者，自觉地抵制各种享乐主义、功利主义、实用主义思想的影响，在困难面前不断超越，用“中国梦”激扬“青春梦”。

（二）立足现实问题走向未来

理想是对未来发展的向往和追求，但是理想不是与现实毫无相关的纯粹人的观念设想。它来源于现实，又是对现实的超越，即由实然性的现实出发希望达到尚未实现的应然性现实，从这个意义上说，理想和现实是对立又能统一的，体现着人生存和发展的生命价值取向。因此，脱离了现实的理想就会变成空想，立足于现实才会走向未来。正如习近平总书记所期望的大学生应当“正确认识远大抱负和脚踏实地，珍惜韶华、脚踏实地，把远大抱负落实到实际行动中”[①]。也就是说，从现实的实际出发，艰苦努力才会有可能实现远大的抱负。而这个现实最大的实际就是面对通往理想目标问题存在的实际，否则没有问题的紧迫感谈理想就会说起来重要，做起来轻飘飘，不能把自己摆进去变成于己于人无关的空谈。“坚持问题导向是马克思主义的鲜明特点”[②]，我们马克思主义的理想信念教育更应如此，但我们教育中涉及的通往理想的现实问题是发展中的问题，是为了立足于现实问题给人以发展的紧迫感、责任感，是为了更好地去激发人们去解决问题，担当责任，“聆听时代的声音，回应时代的呼唤”。为此，高校要加强“形式政策”的教育。正如，习近平总书记强调理想信念教育要“引导学生正确认识世界和中国发展大势”[③]。一方面这个“大势”面临各种深层的矛盾和问题需要解决，要求大学生未来有担当精神；另一方面，这个“大势”是社会历史发展的必然趋势，我们每

① 《习近平谈治国理政》第2卷，外文出版社2017年版，第378页。

② 习近平：《在哲学社会科学工作座谈会上的讲话》，人民出版社2016年版，第14页。

③ 《习近平谈治国理政》第2卷，外文出版社2017年版，第377页。

个人通过大势的受教育来自觉出自己与未来社会形势发展要求之间的差距，作为自己不断主动超越的方向，真正把理想与解决这个差距所带来的问题结合起来。

坚定理想，立足现实问题走向未来，需要加强培养学生运用马克思主义的理论武器去分析问题和解决问题的能力。梅荣政认为："只有'信马'才可能真正'信共'。"① 没有坚定的马克思主义信仰，就很难有共产主义信念，因为"信马"是"信共"的前提和基础理论。实践证明"信马"除了"知马"之外，最为关键的是要运用马克思主义的立场、观点、方法去分析问题和解决问题。因为"马克思主义揭示了事物的本质、内在联系及发展规律，是'伟大的认识工具'，是人们观察世界、分析问题的有力思想武器；马克思主义具有鲜明的实践品格，不仅致力于科学'解释世界'，而且致力于积极'改变世界'"②。中国革命和现代化建设取得的巨大成就是中国共产党人自觉运用马克思主义立场、观点、方法去分析、解决各种重大理论和实践问题的过程。非此，就会误入歧途。对于一个人而言亦是如此，不能自觉运用马克思主义立场、观点、方法来解决各种人生生存和发展的问题，人生发展就容易被各种错误思想所误导，迷失方向，也必然会失去远大的社会共同理想与信念。

二　抓好问题导向专题式教学改革

2017 年 2 月，中共中央、国务院印发了《关于加强和改进新形势下高校思想政治工作的意见》（以下简称《意见》），《意见》提出："要进一步办好高校思想政治理论课，充分发挥思想政治理论课的主渠道作用，深入实施高校思想政治理论课建设体系创新计划，完善教材体系，提高教师素质，创新教学方法，增强教学的吸引力、说

① 梅荣政：《坚定共产主义最高理想》，《思想理论教育导刊》2016 年第 4 期。

② 习近平：《在哲学社会科学工作座谈会上的讲话》，人民出版社 2016 年版，第 9 页。

服力、感染力。”① 思想政治理论课作为高校立德树人的主渠道尤其要抓好教学改革，增强思想理论教育的吸引力、说服力、感染力。传统的灌输教学方式教师讲、学生听，满堂“灌”，强调接受、记忆和重复，这种教学方式以完成既定上课内容的讲授为目标，方法的运用强调学生配合，吸收教师传授的知识，依照教师的思路去考虑问题。学生处于被动地位，不能主动地进行知识构建或尝试问题的提出、分析与解决，思维方法和探究精神的培养无法很好地落实。主体性精神的培养强调大学生在问题和困难面前要不断地自我超越，达到解决问题促进成长的目的。传统的教学方式显然缺乏对问题的关注，以及大学生分析问题和解决问题的能力培养。随着信息化时代的到来，大学生获取知识的方式多向化，传统的灌输教学方式愈来愈不适应教育形势的发展要求，需要进一步革新。

最近，在思想政治课教学中一种新的教学方式愈来愈引起教育界的推崇，这就是问题导向专题式教学法。所谓问题导入式专题教学法，是指教学重点、难点、疑点的确定和导向必须以实现教育目标、当前理论工作中的重大问题和教育对象迫切需要解决的问题为中心提炼出一系列的问题体系，把教学内容问题化为若干个教学专题，在教学活动中由教师创设问题情景，通过讨论、辩论、问答等途径，引导学生运用马克思主义的立场、观点和方法主动思考问题、分析问题、解决问题，最后教师总结点评的教学方式。这种方法有利于培养学生的问题意识，形成一系列的问题逻辑；激发学生解决问题的学习热情，有利于发挥学生的主体作用；学生表达的观点得到教师的肯定和鼓励，容易提升他们克服困难的信心和勇气；学生参与其中得出的讨论结果，容易内化为自律、自为的准则；在师生、生生相互平等对话交流中学生思想不断得以激发、修正和反思，使反思批判能力得以提

① 中共中央、国务院：《关于加强和改进新形势下高校思想政治工作的意见》，《人民日报》2017 年 2 月 28 日第 1 版。

升，原有思想得以升华。因此，从根本上说问题导向专题式教学方式有助于培养和锻炼大学生的自我超越的意识和能力。

三　提升实践育人的实效

实践育人是课堂教育的一种延伸，它充实了课堂教学，使知和行得以统一，造就着学生优秀的品质。2012 年，教育部等部门针对我国大学生实践能力、创新能力不足的问题，联合发出了《关于进一步加强高校实践育人工作的若干意见》（以下简称《意见》），《意见》提出要改革现行高校人才培养模式，构建长效的实践育人机制。自《意见》颁布以来，高校实践育人的效果不断凸显，但是实践育人流于形式，针对性不强的问题依然突出，因此，需要继续深化实践育人的工作，来提升思想教育的效果。

大学生主体性精神的培养，在实践育人上要突出以下几个方面：一是要突出项目管理实践育人模式。实践育人项目化运作就是把科研项目管理的基本理念移植到大学生实践教育过程中，在项目育人平台上，学生在教师指导下通过个人或自由组团进行项目申报，使大学生的实践由“要我做”变成“我要做”，由“硬任务”变成“请任务”，在项目实施的过程中使大学生分析问题、解决问题的能力得以提升。实践项目来源包括国家、省级、校级、地方政府、城市社区、企事业单位、社会服务机构的课题，学校通过整合校内外资源，走出一条学生对接社会需求的产、学、研结合的实践新路。二是竞赛性实践活动。竞赛性实践活动有利于大学生全身心地投入其中，以问题为导向有针对性地实践，付出一定的努力在挑战困难中取得成绩，无论成功和失败都会使大学生的主体性精神得到锻炼与提升。比如，数学建模竞赛、电子设计竞赛、广告设计竞赛等学科竞赛需要大学生把学科理论与实际联系，通过实践来发现问题、分析问题，进而完成从掌握学科理论知识到切实解决实际问题的跨越。又如，文体竞赛活动，可以丰富大学生文艺生活，又可以加深相互之间的交流与合作。再如，创业竞赛是一项对大学生综合素质要求比较高的实践性活动，要求参赛人员对各方面的知识能够融会贯通，对经济形势和社会热点问题有一定的了解和把握，对培养大学生参与社会竞争、提升自信有重要作用。三是要突出专业性实践。专业性实践活动就是要让大学生进入本专业所从事的行业、企业或岗位，进行现场观察、调研、实际操作等项活动。专业性实践活动突出的是大学阶段主要的理论知识学习与具体实践运用的统一，以区别于一般性社会实践活动，它是大学生社会实践活动与专业教学的有机结合。专业性实践需要一定的专业条件和背景知识，通过专业实践来推进实践育人，有利于打造专业品牌特色的实践活动，有利于大学生立足现实工作，消除学习和人生目标的迷茫。四是突出社会调查性实践。在社会调查性实践中使大学生体验社会实际生活；学会运用调查研究的方式方法去了解社会、发现问题，进而思考人生发展、社会发展的问题，以促进大学生社会化进程。

四　优化信息与咨询服务育人

（一）优化信息服务育人

部分大学生沉迷网络，疏离现实。网络是一把双刃剑，用得好，对大学生解决现实问题获得发展会带来非常有益的帮助。根据调查，大学生上网的目的按选择频次排在前四位的分别是：“娱乐消遣”（占69.7%）、“获取新闻信息”（占58.9%）、“学习”（占58.2%）、“交流沟通”（占57.6%）。[①] 这说明，网络作为大学生重要的学习和发展工具还没能很好地凸显，需要高校优化网络服务，促使学生回归到利用网络解决现实问题的目的。主要可以通过以下几个渠道：

首先，要加强网络管理。高校通过增强技术手段，严把局域网信

① 沈壮海等：《中国大学生思想政治教育发展报告 2015》，北京师范大学出版社 2016 年版，第 274 页。

息进入关。对不良网站加以屏蔽，特别是对于网络游戏、过度娱乐和低级趣味的网站；对那些宣扬拜金、享乐、悲观、奢靡、暴力、色情等网络信息要加以限制；对校园互联网采用分时段分地段提供网络服务，比如晚上12点至早晨7点，学生宿舍断网；对手机网络在上课期间必要时进行屏蔽；对那些因长时间沉迷网络并追逐不良信息而不能自拔的学生，限制其过多的上网流量，促使其有所节制，减少网络的负面作用，回归现实的学习和生活。其次，利用大数据进行信息推送。在网络时代，高校育人不能等学生来敲门而要主动把教育信息推送到学生中去，促进学生的成长成才。高校政工队伍要通过大数据分析、研判及时发现学生群体中存在的热点、难点问题，及时通过网络推送与问题解决相关的信息，减少学生搜集信息过程中的盲目性，比如，有针对性地推送教育视频，科研资讯、就业信息等。对于学生个人而言，教育者通过大数据的分析，如学生购物、消费、网上活动等记录，分析其个人的生活习性、心智状况、行为规律、个性特征等，从中发现个人存在所需要解决的问题。进而，对其推送有所帮助的个性化、精准化的信息。在学生解决问题的过程中，把教育者的教育理念通过信息的推送方式渗透到学生思想当中去。最后，开展网上热点讨论，澄清学生模糊思想。马克思指出："问题是时代的格言，是表现时代自己内心状态的最实际的呼声。"① 对于学生的发展而言，问题同样是代表他们内心最实际的呼声。部分学生在多元文化、多种思潮影响下存在迷失不知所向、茫然不知所措的困惑。通过设置网络热点问题、学生现实问题的讨论，在思想交流、交锋中，发挥高校高素质网络评论员队伍的作用，澄清学生模糊认识，化解学生思想困惑，深化学生正确的思想观念，凝聚学生积极的情感意识。

（二）咨询服务育人

高校管理育人是我们的传统，强调管理者为主体通过一定的手

---

① 《马克思恩格斯全集》第1卷，人民出版社1995年版，第203页。

段和方法对学生客体的思想和行为施加影响，以期达到既定教育目的。新时期，随着教育的发展高校服务育人凸显了学生的主体地位，高校通过对大学生发展需要的满足，来达到将教育者的教育思想柔性地融入大学生思想之中促使其成长成才的目的。大学生主体性精神的培养，要促使大学生超越问题对其成长成才的限制或束缚，体现了以学生为主体对问题的解决。这就要求高校更要转变传统主要依靠管理育人的观念，更多地向服务育人倾斜，特别是对大学生智力支持的咨询服务育人尤为重要，这是高校集知识化、专业化的优势之所在。目前，高校咨询服务育人主要有心理咨询、职业咨询、学业咨询、科研创新咨询、政策咨询等。咨询服务意味着学生是带有特定的现实问题前来咨询，在这一特定的现实问题认识上专业的咨询老师与学生之间必然有着信息的落差，在咨询的过程中发生着与问题相关信息的流向，必然会给学生解决问题带来有益的启发，而后，在学生解决现实问题的过程中把咨询老师的思想融入整合到了自身的思想之中。

高校开展咨询服务育人要做好以下几个方面的工作：一方面，要大力提高咨询教师队伍的专业化水平。在我国多数高校咨询教师的整体专业化水平并不高，使得在专业领域不能很好地为学生提供解答问题的建议和对策。比如，心理咨询教师专职的不多，进入的门槛不高，大多没有博士文凭，缺乏社会阅历，心理咨询的实践训练不足。就业咨询、学业咨询、创新创业咨询大多由不具备专业咨询资格的年轻辅导员兼任，专业化、专家化辅导员不多，而辅导员整天忙于应付各种具体事务性工作，导致回答学生咨询的问题就显得比较的浅薄。因此，高校要大力提高咨询服务专任老师的比例和师资水平，在专业化、专家化上下足功夫。另一方面，要打造快捷、方便、优质的咨询服务平台。为此，高校要创设条件为大学生提供一站式现场咨询服务平台，以方便大学生前来咨询，架起学生和学校各咨询服务部门之间快捷的沟通桥梁；高校要开通网上在线咨询服务平台，通过网上预约、网上交流等方式，发挥网络服务平台方便、快捷的优势；高校要打造博士、教授专家库咨询服务平台，在网上提供学校每位专家、学者的学业背景、研究方向，以及咨询的联系途径等，供大学生留言咨询。总之，高校服务育人的优势在于智力服务育人，通过人性化、专业化的智力咨询帮扶而不是代替，发挥着大学生主动面对问题的自我管理、自我教育、自我超越的主体作用。

五　加强家校的合力育人

家庭教育既是学校教育的基础，又是学校教育的补充和延伸，二者相互配合、协同一致，才能真正发挥出教育的合力。苏霍姆林斯基曾说过："只有学校教育而无家庭教育，或只有家庭教育而无学校教育，都不能完成培养人这一极其细致、复杂的任务。"① 大学生主体性精神的培养，需要高校构建新型家校交流平台，促进家校合作，同向而行，合力育人。

首先，高校班主任、辅导员老师要建立与家长联系的交流平台，如QQ群、微信群等，将学生参与的教学与实践活动以图片或文件方式发送到群里，将学生在校的成绩、生活情况发送给家长，以便家长了解子女在校的状况，同时，家长可以将子女的在家情况反馈给学校，由此，家校双方通过交流沟通更为清晰地了解到学生的思想动态，现实表现，以及发展中存在的问题，进而双方给出有针对性的教育对策，促进学生解决存在的问题。其次，家校交流平台有助于双方成为学习共同体，教师可以将学界研究家庭教育的最新成果、视频讲座提供给家长，家长们可以和教师围绕教育的热点、难点问题进行共同探讨，相互分享经验和解决学生问题的智慧，进而，家校教育思想的合力影响着学生的成长。再次，高校可

① ［苏］苏霍姆林斯基：《家长教育学》，杜志英等译，中国妇女出版社1982年版，第262页。

以通过交流平台邀请家长到学校实地走访，具体了解学校的办学定位、办学条件、人才培养目标和培养模式等方面的内容，然后，家长有针对性地弥补子女在成长成才方面的不足。最后，通过家校交流平台在学生的价值观教育上形成同向、同行。在现实生活中，什么样的价值观应该坚持和提倡，什么样的价值观应当反对和抵制，家长应当与学校一致，旗帜鲜明。家长只有在是非面前做到与高校提倡的主流价值一致，坚持社会主义核心价值观，才能有效地引导子女树立远大理想，不迷失人生方向。

六 构建发展性评价体系

“发展性评价是针对教育、教学评价存在的弊端而日渐兴起的一种教育、教学评价思想。在我国，针对学校教育、教学评价存在的弊端，发展性评价思想也被学者们引入，开始确立以追求被评价者的发展为指导理念的教育、教学评价。”① 这种教育、教学评价思想体现了现代学生评价的发展趋势，注重通过评价来达到对学生“以评促学”的目的，而非仅仅是一种学生甄别、选拔功能的评价。

发展性评价与传统评价相比有几个显著的特点：(1)成长性。它淡化传统评价甄别、选拔、分类划等、评优罚劣等功能，更强调评价服务于学生不断认识自我、发展自我的成长需要，为终身发展奠定基础。(2)多元性。传统的评价，学生只是被动的评价客体，他们不能决定测评的标准与方法，没有评价的主动权和积极性，而发展性评价除了教师评价之外，还强调被评者和相关他人的参与，特别是学生本人的自我评价，改变了被评者的被动接受状态，充分发挥其主观能动性。(3)过程性。传统评价通常采用期末考试决定学生评价结果，评价等同于考试，往往是终结性的，而发展性评价通过成长记录袋、作品展示、阶段测试

① 张耀灿、曹清燕：《发展性评价：高校思想政治理论课教学测评的指导思想》，《思想理论教育导刊》2009 年第 5 期。

等反映过程性的成果，学生能够及时得到学习状况的反馈，以此来调整学习策略和发展方向，提升学习和发展的可能空间。因此，发展性评价通过关注“过程”而促进“结果”的提高，达到“过程”与“结果”的统一。(4)全面性。传统评价主要考查学生掌握知识和技能的情况，发展性评价不仅仅关注知识和技能的获得，而且关注学习的态度、方法、价值观、创新意识、实践能力、合作精神等全方面的评价。

主体性精神自我超越从根本上说就是学生不断求得发展的过程，它与发展性评价的理念具有一致性，因此，可以通过构建发展性评价体系来促进大学生主体性精神的培养，具体可以体现在以下几个方面：(1)在学业成绩的评价上，实行全程考核，采取灵活多样的评价形式，加大平时成绩和实践成绩的比重。比如将大学生平时的课堂表现，课后作业、随堂测验、课程论文作为评价的方面，尤其把大学生在课堂讨论上的表现作为平时考查的一个重要方面。这样的评价方式可以打消大学生考前临时突击过关的想法，使他们不得不认真面对上课和每一次作业。另外，将学生的创新成果和实践成果直接转换为考试成绩和学分，激励大学生积极实践、敢于创新。(2)在学业成绩奖励上，要实现立体化和多层次设置。奖励评定不仅要体现学业成绩的基本要求，还要注重道德品质、创新精神、实践能力等内容，鼓励大学生发展自己的特色项目，让多数的大学生在不同的层面因奖励体验到成功的快乐，对自己充满信心，对前途充满希望，而不是局限于少数优秀学生的重大奖励。(3)运用多样的评价方法。在传统的定量评价和定性评价、分析评价和综合评价、相对评价与绝对评价、静态评价和动态评价以及模糊综合评价的基础上，积极开发和创新评价方法，采取多种评价方式。(4)形成多元的评价主体。我们需要评价主体多元化，通过学生自我评价、家长评价、师生共同评价、社会实践单位评价等，多方面、多角度地对大学生进行更全面、更客观、更科学的评价。让大学生由“被动的、封闭式”的个体考试对象转变为“主动的、开放式”的新主体。

第四节 推进社会环境的优化

一 用核心价值观引领社会舆论环境

习近平总书记强调："新闻舆论工作各个方面、各个环节都要坚持正确舆论导向。各级党报党刊、电台电视台要讲导向，都市类报刊、新媒体也要讲导向；新闻报道要讲导向，副刊、专题节目、广告宣传也要讲导向；时政新闻要讲导向，娱乐类、社会类新闻也要讲导向；国内新闻报道要讲导向，国际新闻报道也要讲导向。"① 当前，一些主流媒体为了追逐利益存在过度娱乐化的现象，它们以"娱乐至上""娱乐至死"的理念大行其"道"，这些理念以片面追求"眼球效应"和注意力经济，导致庸俗、低俗、媚俗的炒作之风盛行，例如，有的媒体出于猎奇、猎艳的低级趣味，过度聚焦其中的一些细节大肆渲染，影响人们对当今社会主流和整体情况的正确认识。为社会自私自利、拜金主义、崇尚享乐、厌恶劳动的思想和行为推波助澜，在一定程度上消解着人们追求自我不断超越的意识，尤其对青少年成长造成极为恶劣的价值误导。因此，我们需要用积极向上的核心价值观引领社会舆论环境，激励人们不断地追求自我超越，实现自我价值与社会价值的统一。

我们社会的主流媒体在影视文化传播、思想舆论宣传上要以社会主义核心价值观为指向，展示出强烈的政治敏锐性，履行社会责任的高度自觉性，对于新闻报道、信息披露、节目的选取与解读中体现出正面的舆论价值取向，最大限度抵制不良思想风气的侵蚀，引导社会主流思想的前进方向，促进人们改造自己、改造社会的积极性，实现社会的进步。为此，首先，媒体行业要自觉担当起媒体应负的社会责任，正确处理经济效益与社会效益之间的关系，不能以对广大社会成

① 《习近平谈治国理政》第 2 卷，外文出版社 2017 年版，第 332—333 页。

员的价值误导、恶化社会风气为代价而获取短期的经济利益。其次，媒体人和广大的文艺工作者要提升自己的能力和素质，耐得住寂寞，多出精品力作。缺乏精品力作，快餐文化、媚俗文化就容易泛滥、充斥整个文艺市场，迷惑人们的感官、视线，消解人们追求高尚的情操，使文艺作品不能很好发挥激励人、鼓舞人、传播正能量的实效。因此，文艺工作者要耐得住寂寞、稳得住操守，“要以深厚的文化修养、高尚的人格魅力、文质兼美的作品赢得尊重，成为先进文化的践行者、社会风尚的引领者，在为祖国、为人民立德立言中成就自我、实现价值”①。最后，政府要对各类媒体进行严格监管和有效激励。风清气正的媒体大环境的营造如果仅仅是靠媒体自我约束是远远不够的，为此，还要加强法律、法规对媒体的约束，政府一方面要出台更为细化、完善的法律制度，从法律的层面上明确媒体、媒体人的责权利；另一方面要强化对媒体和从业人员的监督检查和奖优罚劣。这样才能营造出健康的社会舆论环境，在这种环境中大学生才能更好地形成积极进取的价值取向。

二　营造公平的社会就业竞争环境

大学生就业直接影响着个体未来的生存和发展状况。一个开放、公平的社会就业环境必然会激发大学生们勇于竞争、不断超越，获得向上流动的机会，赢得更好的生存和发展空间。一般来说，大学生在参与竞争择业中，都具备两种资本。一种是个人综合素质资本，包括学业成绩、专业技能、身体素质等，这种资本是先天禀赋加后天教育与自身努力的结果，其中自身努力占据着重要地位；另一种资本是社会资本，这种资本是通过父母、亲戚等社会关系调动、支配和掌控社会资源尤其是公共资源形成的。这一资本是大学生社会竞争的外在因

① 习近平：《在中国文联十大、中国作协九大开幕式上的讲话》，人民出版社2016年版，第19—20页。

素。当社会资本成为影响大学生就业或就业质量的重要因素甚至是决定性因素时，必然会造成权力对社会资源的过度侵占，以致破坏社会就业的公平竞争环境。中国社科院发布的2014年社会蓝皮书指出，激烈的就业竞争衍生出一个副产品——“拼爹”现象在大学生就业中显而易见。调查结果显示，家庭背景对能否进入体制内就业有影响，出身于高层管理人员、专业技术人员和办事人员家庭的毕业生进入体制内就业的比例明显高于个体户、工人、农民、无固定职业的子弟。[①]应当肯定的是当前个人能力资本仍然是大学生就业的主要条件，但是“拼爹”现象的凸显也要引起社会的足够重视，如果父母的职业、社会地位、家庭收入等外在方面成为大学生能否就业以及就业质量高低的决定性因素，那么既影响公平竞争的就业原则，也不利于社会资源优化配置和经济发展。

产生“拼爹”现象其中的原因与国家对大学生就业竞争公平的法律政策不完善、就业服务体系不完善，以及就业市场监管不到位有关。因此，营造公平的社会就业竞争环境应该从以下几个方面强化：一是，政府应尽快完善就业相关法规、制度建设，进一步推行和深化劳动人事制度改革，规范劳动力市场的竞争机制，充分发挥政府对家庭弱关系大学生群体的保护作用。二是，推行就业信息完全、充分、及时地公开，是破解就业竞争不公顽疾的有力手段。信息对于大学生求职者的重要性不言而喻，信息不对称、信息缺乏公开透明性、信息的不易取得是造成就业不公平的直接原因。通过建立社会就业信息一站式公开发布平台，有利于大学生了解自己需要的信息，开展就业的公平竞争。三是，建立完善的监督体系，发挥内、外监督的有效作用，是促进就业公平的有力保障。权力不受监督或监督不到位，必然容易引发权力滥用和腐败。从内部监督层面而言，各级纪检、行政、

① 李培林等：《社会蓝皮书：2014年中国社会形势分析与预测》，社会科学文献出版社2013年版，第209页。

司法等监察部门要忠于职守，对于选人、用人这样的重要问题，要从根源上保证其公平、公正、公开，对滥用公权的党政干部、破坏社会就业公平的人必须依法处理，从而遏制就业竞争中的不正之风；同时，作为外部监督的社会新闻媒体、民主党派、社会团体等要发挥社会舆论监督的有力作用，对就业不公要做到有效监督，而决不能习以为常、见怪不怪，要营造崇尚公平就业竞争的舆论环境，促进社会公平正义事业的发展。

三　推进改革，激发“众创”社会活力

李克强总理在2017年政府工作报告中说：“我国发展到现在这个阶段，不靠改革创新没有出路。我们拥有世界上数量最多、素质较高的劳动力，有最大规模的科技和专业技能人才队伍，蕴藏着巨大的创新潜能。”[①] 报告明确向我们指出了改革创新是社会发展的必由之路，改革推进“大众创新，万众创业”，同时“众创”又会倒逼改革，这就是时代的潮流趋向，因此，社会成员通过创新、创造主动超越自己所面临问题带来的发展限制以适应历史潮流，那种想贪图享乐安逸，不思进取者必将陷入社会创新发展所带来的一系列不适应问题的被动境遇之中。

政府持续推进各项改革，清除妨碍社会生产力发展的各种体制机制，落实简政放权、放管结合的政策措施，优化服务质量，营造公平的市场竞争环境，为创新创业提供有力支撑，激发社会“众创”的热情，使整个社会逐渐形成创新创业的良好氛围。大学生是即将步入社会的活跃知识青年群体，社会改革所带来的“众创”活力与希望，必然会被他们敏锐地察觉到并点燃面对困难不断自我超越的激情，自觉地融入未来的“众创”之中，“在奋斗中实现人生价值”。

---

① 李克强：《政府工作报告——2017年3月5日在第十二届全国人民代表大会第五次会议上》，人民出版社2017年版，第15页。

结　语

“众创”时代的来临，人们要创造历史进程，从根本意义上说，就是呼唤和确证人的主体性，不断超越生存和发展的限制，以跟上时代前进的步伐，凸显人的主体性精神的过程。然而，我国大学生面对困难不断超越的主体性精神状况却不容乐观。当前，部分大学生中存在逃避发展的责任，依赖性、受动性依然严重，人生目标迷茫，沉迷网络而疏离现实，急功近利而贪图享受，在挫折和困难面前消极悲观等问题不容小觑。大学生是国家未来建设的生力军，培养大学生的主体性精神，促进他们面对问题和困难不断自我超越无疑是时代社会发展对教育提出的要求，也是思想政治教育学科研究的重要课题。通过对大学生主体性精神培养研究有利于深化对马克思主义关于人的主体性思想的理解，提升对思想政治教育超越功能的认识；有利于帮助大学生树立马克思主义的自我超越观，自觉地把自身发展与社会发展联系起来，在实践中发挥主体性精神去超越生存和发展的限制或束缚，在超越限制或束缚中去推动创新、创业，实现人的自由而全面发展。

通观西方哲学史我们不难发觉，人的主体性是近现代以来的思想主题。一方面，西方主体性思想的传播对人的发展，满足人的内在精神的需要，体验人生感受，思想解放、终极价值的追求具有重要的意义。另一方面，西方思想家关注主体与关注主客二分的认识论意识自我的一致，把主体性当成了主观性，自我与主体、主体性紧密相连在一起，一直走到现时代，自我始终是主体的出发点。但是，必须正视的是西方的自我从一开始就是意识自我、主观自我的实体，这就容易导致自我成为一个自足、自因封闭的自我、中心的自我。在这种绝对实体自我观之下，容易导致一些极端主体性观念出现，消解主体性思想也就演变成为西方思想界的一种声音。然而，随着现代化的推进，人的主体性并没有如西方某些学者所说的走向消亡，而是愈来愈强，愈来愈成为人生存和发展的现实需要。因此，“关键不是主体性的消亡”，而是从原有主体性中寻找出它积极的核心精神，予以坚持和发展，否则只会造成对主体性研究理论上的遮蔽。20 世纪 80 年代以来，主体性问题成为我国哲学界研究的热点话题。总的说来，国内主体性研究取得不少成绩，推动了改革开放以来人们思想的解放。但是，从总体上看至今仍存在不少困惑。比如主体性的核心精神是什么？就是还须深入探究的问题。虽然，学术界对主体性精神及其在大学生中的培养有了一定的研究，取得了一定的理论成果，但也存在不足。比如，对主体性精神概念没能清晰界定，缺乏深层次的理论建构。由于基础理论研究的相对滞后，导致对大学生主体性精神的培养研究多停留于表层。因此，有必要对主体性精神概念进行凝练，进而构建更为深层系统的理论，并在此基础上对大学生主体性精神的培养目标、原则、方法和路径做更深入的探究。

什么是主体性？国内目前尚无一致的界定，有待提升与完善。因此，回到马克思的思想当中去探寻主体性的核心精神尤有必要。马克思认为人一方面是能动的，另一方面又是受限制的存在物。因此，人不能离开受限制来单独谈论人的能动性，人要超越客观对象的限制来满足他生存和发展的需要，表现和确证“它是对象性的本质力量的主体性”，获得生存和发展意义上的自由与解放。本书以马克思主义关于人的能动性与受限性、“现实的个人”、实践和自由等理论观点为指导，在参照、借鉴中国传统哲学和西方哲学有关主体性思想，归纳概括现有主体性精神概念的基础上，对主体性精神的内涵进行界定，认为主体性精神是人意识到自身生存和发展受到客观限制或束缚，通过主观能动性与实践，在超越限制的过程与结果中所表现出来的人的本质力量。其实质就是自我超越——它不是西方主体性仅仅停留于主观意识的遐想，而是把自我的主观能动性通过实践活动作用于客观，超越客观的限制或束缚，在实现自由与解放的过程与结果中表现出来的本质力量。进而，以此概念去阐述主体性精神的特性、要素、结构、分类、形成机理和主要功能。

要真正把主体性精神建构的基本理论运用到大学生的培养中去，还需要以主体性精神的理论为视角来对大学生主体性精神的现状进行透视，分析存在的问题及原因，进而提出培养的目标、原则、方法和路径。本书通过全国的调查数据得出：当代大学生的主流思想行为状况是积极向上、奋发进取的，使得大学生主体性精神的培养具有良好的群体基础。但是，部分大学生主体性精神存在问题，如理想偏狭化，信仰宗教化，知行不统一，沉迷网络而疏离现实，急功近利而贪图享受，难承压力且自信不足。这些不足严重影响了大学生对生存和发展的积极追求，使之难于做到不断实现自我超越。本书从社会、学校、家庭和个人四个方面分析了其原因。对此，本书提出大学生主体性精神的培养目标要以马克思主义为思想指导，使大学生树立崇高的超越理想和信念，以国家、社会的未来发展为己任，激发大学生强烈的自我超越的激情与欲求，主动参与实践活动，在不断的自我超越中全方位提升自身的能力素质，实现个人自由而全面发展的最终目的。并相应地提出了培养的五个原则：问题导向、实事求是、实践活动、利益引导、全面发展原则，以及五个培养方法：竞争压力法、批判建构法、交流发展法、榜样教育法、情感激励法。

在主体性精神培养目标、原则、方法的基础上，针对大学生主体性精神的现状及原因分析，本书从四个方面指出了具体的培养路径：一是大学生要自觉地把现实问题与理想目标统一起来，要积极展开自我暗示与自我奖赏，并达到践行与自省的统一；二是家长要适应发展需要，转变教育观念，建立理解融合的亲子关系，重学笃行，言传身教；三是学校要深化大学生理想、信念教育，抓好问题导向专题式教学改革，提升实践育人的实效，优化信息与咨询服务育人，加强家校的合力育人，构建大学生发展性评价体系；四是政府要优化社会环境，用核心价值观引领社会舆论环境，营造公平的大学生就业竞争环境，推进改革，激发社会的“众创”活力。

当然，也应该承认大学生主体性精神培养研究是一个具有挑战性的题目，在研究过程中笔者感到理论推进的困难，尽管本书立足于马克思主义的立场、观点和方法拓展了主体性精神的基本理论，但是对一些问题的认识还显不足，需要继续深入探讨。今后，笔者还需要对主体性精神的基本理论做更为深入细致的探究，同时，也要对大学生主体性精神培养现状透视使用第一手调查资料，提出更为具体有效的培养路径与对策，从而使得对大学生主体性精神培养问题有更为全面深刻的认识。

参考文献

一　马克思主义经典著作类

《马克思恩格斯全集》第 1 卷，人民出版社 1956 年版。

《马克思恩格斯全集》第 2 卷，人民出版社 1957 年版。

《马克思恩格斯全集》第 3 卷，人民出版社 1960 年版。

《马克思恩格斯全集》第 23 卷，人民出版社 1972 年版。

《马克思恩格斯全集》第 40 卷，人民出版社 1982 年版。

《马克思恩格斯全集》第 42 卷，人民出版社 1979 年版。

《马克思恩格斯全集》第 1 卷，人民出版社 1995 年版。

《马克思恩格斯文集》第 1 卷，人民出版社 2009 年版。

《马克思恩格斯文集》第 2 卷，人民出版社 2009 年版。

《马克思恩格斯文集》第 4 卷，人民出版社 2009 年版。

《马克思恩格斯文集》第 8 卷，人民出版社 2009 年版。

《马克思恩格斯文集》第 9 卷，人民出版社 2009 年版。

《马克思恩格斯文集》第 10 卷，人民出版社 2009 年版。

马克思：《黑格尔辩证法和哲学一般的批判》，人民出版社 1955 年版。

《列宁全集》第 1 卷，人民出版社 2013 年版。

《列宁全集》第 25 卷，人民出版社 2017 年版。

《列宁全集》第 30 卷，人民出版社 2017 年版。

《列宁全集》第 39 卷，人民出版社 2017 年版。
《列宁全集》第 55 卷，人民出版社 2017 年版。
列宁:《论资本主义》，人民出版社 2009 年版。
《毛泽东文集》第 2 卷，人民出版社 1993 年版。
《毛泽东文集》第 3 卷，人民出版社 1996 年版。
《毛泽东文集》第 7—8 卷，人民出版社 1999 年版。
《毛泽东选集》第 1—4 卷，人民出版社 1991 年版。
《邓小平文选》第 2 卷，人民出版社 1994 年版。
《邓小平文选》第 3 卷，人民出版社 1993 年版。
《周恩来选集》下卷，人民出版社 1984 年版。
《习近平谈治国理政》第 1 卷，外文出版社 2018 年版。
《习近平谈治国理政》第 2 卷，外文出版社 2017 年版。

二　重要文献和讲话类

习近平:《在文艺工作座谈会上的讲话》，人民出版社 2015 年版。
中共中央文献研究室编:《十八大以来重要文献选编》（上），中央文献出版社 2014 年版。
《中共中央关于制定国民经济和社会发展第十三个五年规划的建议》，《人民日报》2015 年 11 月 4 日第 1 版。
习近平:《发扬斗争精神增强斗争本领为实现“两个一百年”奋斗目标而顽强奋斗》，《人民日报》2019 年 9 月 4 日第 1 版。
习近平:《在纪念红军长征胜利 80 周年大会上的讲话》，《人民日报》2016 年 10 月 22 日第 2 版。
习近平:《在中国文联十大、中国作协九大开幕式上的讲话》，人民出版社 2016 年版。
习近平:《在会见第一届全国文明家庭代表时的讲话》，《人民日报》2016 年 12 月 16 日第 2 版。

习近平：《决胜全面建成小康社会 夺取新时代中国特色社会主义伟大胜利——在中国共产党第十九次全国代表大会上的报告》，人民出版社 2017 年版。

习近平：《在哲学社会科学工作座谈会上的讲话》，人民出版社 2016 年版。

中共中央、国务院：《关于加强和改进新形势下高校思想政治工作的意见》，《人民日报》2017 年 2 月 28 日第 1 版。

李克强：《政府工作报告——2017 年 3 月 5 日在第十二届全国人民代表大会第五次会议上》，人民出版社 2017 年版。

三 著作类

车文博：《人本主义心理学元理论》，首都师范大学出版社 2010 年版。

陈万柏等：《思想政治教育学原理》，高等教育出版社 2007 年版。

陈学明：《情系马克思——陈学明演讲集》，武汉大学出版社 2010 年版。

丰子义等：《主体论——新时代新体制呼唤的新人学》，北京大学出版社 1994 年版。

冯建军：《当代主体教育论——走向类主体的教育》，江苏教育出版社 2004 年版。

高清海：《找回失去的“哲学自我”——哲学创新的生命本性》，北京师范大学出版社 2013 年版。

高兆明：《存在与自由：伦理学引论》，南京师范大学出版社 2004 年版。

郭湛：《主体性哲学——人的存在及其意义》，中国人民大学出版社 2011 年版。

韩庆祥：《马克思的人学理论》，河南人民教育出版社 2011 年版。

贺来：《“主体性”的当代哲学视域》，北京师范大学出版社 2013 年版。

黄楠森：《人学原理》，广西人民出版社 2000 年版。

李德顺：《价值论——一种主体性的研究》（第 3 版），中国人民大学出版社 2013 年版。

李培林等：《社会蓝皮书：2014 年中国社会形势分析与预测》，社会科学文献出版社 2013 年版。

李为善等：《主体性和哲学基本问题》，中央文献出版社 2002 年版。

刘森林：《追寻主体》，社会科学文献出版社 2008 年版。

鲁洁、冯建军：《教育转型理论、机制与建构》，教育科学出版社 2013 年版。

鲁洁、王逢贤：《德育新论》，江苏教育出版社 2000 年版。

罗洪铁、董娅：《思想政治教育原理与方法——基础理论研究》，人民出版社 2005 年版。

骆郁廷：《精神动力论》，武汉大学出版社 2002 年版。

石中英：《知识转型与教育改革》，教育科学出版社 2001 年版。

孙正聿：《超越意识》，吉林教育出版社 2001 年版。

孙正聿：《人的精神家园》，江苏人民出版社 2014 年版。

谭培文：《利益认同机制研究——基于社会主义核心价值体系认同视角》，中国社会科学出版社 2014 年版。

田鹏颖：《时代的精神现象解读郭明义》，辽宁人民出版社 2012 年版。

万光侠：《思想政治教育的人学基础》，人民出版社 2006 年版。

万俊人：《现代西方伦理学史》，中国人民大学出版社 2011 年版。

万美容：《思想政治教育方法发展研究》，中国社会科学出版社 2008 年版。

汪广荣：《虚拟生存与人的主体性发展》，合肥工业大学出版社 2013 年版。

王坤庆：《精神与教育—— 一种教育哲学视角的当代教育反思与建构》，华中师范大学出版社 2009 年版。

吴式颖主编：《外国教育思想通史》（第 1—10 卷），湖南教育出版社 2002 年版。

夏凡：《乌托邦困境中的希望——布洛赫早中期哲学的文本学解读》，中央编译出版社 2008 年版。

杨韶刚：《超个人心理学》，上海教育出版社 2006 年版。

叶澜：《教育概论》，人民教育出版社 1991 年版。

张岱年：《中国哲学大纲》，商务印书馆 2015 年版。

张汝伦：《现代西方哲学十五讲》，北京大学出版社 2004 年版。

张西山：《中国特色社会主义的制度文化分析》，社会科学文献出版社 2013 年版。

张彦：《思想政治教育主体性研究》，广东人民出版社 2006 年版。

张耀灿等：《现代思想政治教育学》，人民出版社 2006 年版。

张一兵：《马克思历史辩证法的主体限度》，武汉大学出版社 2010 年版。

郑永廷等：《大学生自主创新理论与方法》，人民出版社 2010 年版。

郑永廷等：《人的现代化理论与实践》，人民出版社 2006 年版。

朱荣英：《马克思主义基本范畴及其学科体系研究》，河南大学出版社 2007 年版。

［奥］弗洛伊德：《弗洛伊德后期著作选》，林尘等译，上海译文出版社 2005 年版。

［奥］弗洛伊德：《精神分析引论新编》，高觉敷译，商务印书馆 1987 年版。

［丹］克尔凯郭尔：《致死的疾病》，张祥龙等译，中国工人出版社 1997 年版。

［德］卡尔·雅斯贝尔斯：《生存哲学》，王玖兴译，上海译文出版社 1994 年版。

［德］卡希尔：《人论：人类文化哲学导引》，甘阳译，上海译文出版社 2013 年版。

［德］康德：《实践理性批判》，韩水法译，商务印书馆 2003 年版。

［德］尼采：《权力意志》，张念东译，商务印书馆 1991 年版，第 137 页。

［德］恩斯特·布洛赫：《希望的原理》，梦海译，上海译文出版社 2012 年版。

［德］费希特：《费希特著作选集》（卷 1），梁志学主编，商务印书馆 1990 年版。

［德］海德格尔：《路标》，孙周兴译，商务印书馆 2014 年版。

［德］黑格尔：《精神现象学》（下卷），贺麟、王玖兴译，上海人民出版社 2013 年版。

［德］黑格尔：《精神哲学》，杨祖陶译，人民出版社 2006 年版。

［德］黑格尔：《逻辑学》（下卷），杨一之译，商务印书馆 1976 年版。

［德］黑格尔：《小逻辑》，贺麟译，商务印书馆 2009 年版。

［德］雅斯贝尔斯：《什么是教育》，邹进译，生活·读书·新知三联书店 1991 年版。

［法］让－保尔·萨特：《自我的超越性：一种现象学描述初探》，杜小真译，商务印书馆 2010 年版。

［法］萨特：《存在与虚无》，陈宣良等译，生活·读书·新知三联书店 2015 年版。

［法］萨特：《影像论》，魏金声译，中国人民大学出版社 1986 年版。

［美］A. 班杜拉：《自我效能：控制的实施》（上），缪小春等译，华东师范大学出版社 2003 年版。

［美］弗莱德·R. 多迈尔：《主体性黄昏》，万俊人等译，上海人民出版社 1992 年版。

［美］赫舍尔：《人是谁》，隗仁莲译，贵州人民出版社 1995 年版。

［美］桑德森：《众创时代》，中信出版社 2015 年版。

［美］威廉·詹姆斯：《心理学原理》，郭宾译，江西教育出版社 2014 年版。

［美］马斯洛：《存在心理学探索》，李文湉译，云南人民出版社 1987 年版。

［美］马斯洛：《马斯洛谈自我超越》，石磊译，天津社会科学院出版社 2014 年版。

［美］乔治·赫伯特·米德：《心灵、自我和社会》，霍桂恒译，北京联合出版社 2014 年版。

［美］亚伯拉罕·马斯洛：《动机与人格》，许金声译，中国人民大学出版社 2012 年版。

［苏］苏霍姆林斯基：《家长教育学》，杜志英等译，中国妇女出版社 1982 年版。

［意］维尔弗雷多·帕累托：《精英的兴衰》，刘北城译，上海人民出版社 2003 年版。

［印］阿马蒂亚·森：《以自由看待发展》，任赜、于真译，中国人民大学出版社 2013 年版。

四　期刊论文类

［英］姚新中：《自我建构与同一性——儒家的自我与一些西方自我观念之比较》，《哲学译丛》1999 年第 2 期。

白显良、佘双好：《武汉市青少年思想道德状况调查》，《当代青年研究》2006 年第 2 期。

崔岩：《“90 后”青年社会认知特征和社会评价分析》，《青年研究》2016 年第 4 期。

邓晓芒：《康德和黑格尔的自由观比较》，《社会科学战线》2005 年第 3 期。

段立国：《大学生人生观与人生追求调查分析》，《思想教育研究》2015 年第 11 期。

冯建军：《人的超越性及其教育意蕴》，《教育研究与实验》2005 年第 1 期。

郭湛：《论建设和创造的主体性》，《教学与研究》1993 年第 5 期。

贺来：《个体性“哲学自我”的显明：理论创新的重大前提》，《江海学刊》2012 年第 5 期。

林春逸：《关注人的思想政治教育需要提升思想政治教育实效性》，《学校党建与思想教育》2005 年第 9 期。

卢家楣等：《中国当代大学生情感素质的现状及其影响因素》，《心理学报》2017 年第 1 期。

鲁洁：《道德教育的期待：人之自我超越》，《高等教育研究》2008 年第 9 期。

梅萍、宋增伟：《90 后大学生生命意识与人生态度的调查报告》，《国家教育行政学院学报》2015 年第 9 期。

梅荣政：《坚定共产主义最高理想》，《思想理论教育导刊》2016 年第 4 期。

沈壮海、段立国：《2014 年度大学生思想政治状况分析——基于全国 30 所高校的调查》，《思想理论教育导刊》2015 年第 8 期。

沈壮海、王迎迎：《2015 年度大学生思想政治及其教育状况调查分析》，《中国高等教育》2016 年第 8 期。

沈壮海、肖洋：《2016 年度大学生思想政治状况调查分析》，《思想政治教育研究》2017 年第 1 期。

谭培文：《社会主义自由的张力与限制》，《中国社会科学》2014 年第 6 期。

万美容等：《湖北省“90 后”大学生思想行为特点实证分析报告》，《学校党建与思想教育》2013 年第 10 期。

俞吾金：《马克思主体性概念的两个维度》，《复旦学报》（社会科学版）2007 年第 2 期。

袁贵仁：《人的全面发展学说的新境界》，《教学与研究》2001 年第 10 期。

张梅、黄蓉生：《当代大学生马克思主义信仰状况调查分析——以重庆市 6 所高校为例》，《探索》2014 年第 4 期。

张新吾、黄瑞雄：《思想政治教育元问题研究——基于人的自我超越视阈》，《理论导刊》2017 年第 2 期。

张耀灿：《推进思想政治教育研究范式的人学转换》，《思想教育研究》2010 年第 7 期。

张耀灿、曹清燕：《发展性评价：高校思想政治理论课教学测评的指导思想》，《思想理论教育导刊》2009 年第 5 期。

郑永廷：《论思想政治教育的本质及其发展》，《教学与研究》2001 年第 3 期。

朱白薇、郑永廷：《论当代青年精神追求的基本特征》，《思想教育研究》2012 年第 7 期。

五　学位论文类

邓纯余：《思想政治教育超越论》，博士学位论文，武汉大学，2012 年。

郝连儒：《高校思想政治教育主体性研究》，博士学位论文，大连理工大学，2014 年。

李芳：《当前我国高校公民素质教育研究》，博士学位论文，华中师范大学，2006 年。

刘秀峰：《“90 后”大学生的人生观及其引导》，博士学位论文，华中科技大学，2012 年。

王守纪：《论教育的超越性》，博士学位论文，东北师范大学，2010 年。

六　调查报告类

麦可思研究院:《2012 年中国大学生就业报告》,社会科学文献出版社 2012 年版。

麦可思研究院:《2016 年中国本科生就业报告》,社会科学文献出版社 2016 年版。

沈壮海等:《中国大学生思想政治教育发展报告 2015》,北京师范大学出版社 2016 年版。

朱卫国:《江苏省高校毕业生就业、预警和重点产业人才供应 2012 年度报告》,江苏教育出版社 2012 年版。

索　引

D

E

F

K

L

M

S

Y

Z

后　记

本书是在我的博士论文的基础上修改而成的，它包含了我对人生成长历程的体悟，熔铸着我多年研究的心血和众多师友的关爱、指导和帮助。

感谢我的导师黄瑞雄老师以及广西师范大学马克思主义学院的谭培文、钟瑞添、林春逸、韦冬雪、王枬、汤志华、高金岭、孙杰远、周世中、李恩来等老师！他们在我论文的写作过程中给予了我很多指导，让我终生受益！

感谢中国社会科学院冯颜利教授、西南大学罗洪铁教授、中山大学郑永廷教授、中央编译局杨金海教授和江西财经大学陈始发教授！他们在我博士论文的开题、预答辩、正式答辩过程中给予了宝贵的指导！论文的形成凝结了上述教授们的心血，在此谨表示衷心感谢！

感谢张浩、张雷、刘英、蒋平、何丽萍、王西亚、姚从军、郭开虎、代利、罗华丽、刘萍萍、刘金菊、李文兵、徐小军、洪巍城、伍尚海、邓国彬、朱磊、黎育生、康雁冰、段丽君、范桂凤、梁红秀、吕剑枫、庞乃燕、方建东、黄基凤、李颖、尹华君、周玉华、吴茜、罗琼、吴俊平等师兄师姐师弟师妹同学同事！大家在我的学习和论文写作过程中给予了鼓励与帮助，在此致以诚挚感谢！

感谢我的家人！是他们陪着我一路走来，给予我爱和力量，是我坚强的后盾。尤其感谢我的爱人张香玉，是她默默地承担着家庭生活的重担，让我有时间和精力投入学术研究之中！感谢我的父母和岳父岳母对我的理解与支持！

感谢中国社会科学出版社的田文老师、冯春凤老师以及其他工作人员！他们为本书的出版给予了宝贵支持和帮助，特致以真诚的谢意！

本书受江西财经大学学科建设经费出版资助。同时，本书为2020年中宣部文化名家暨“四个一批”人才选题项目“红色基因传承研究”的阶段性研究成果。囿于本人的学识水平，著作难免存在不足与瑕疵，敬请各位专家、学者不吝赐教。

张新吾谨识

2021年1月31日于南昌